Alina

Céline Nony

Alina

L'amour secret de Poutine

ARTHAUD

82, rue Saint-Lazare CS 10124
75009 Paris

ISBN : 978-2-0804-1840-1

1

Il a suffi d'une image, une simple photo publiée sur le compte Instagram d'une amie. Aussitôt, les médias de Russie et du monde entier ont bruissé de cette folle hypothèse. Pourquoi Alina Kabaeva affiche-t-elle ostensiblement cette alliance à l'annulaire de sa main droite ? Si ce n'est pour montrer sa joie de s'être mariée selon le rite orthodoxe ? Depuis près de quinze ans, on prête à l'ancienne championne olympique de gymnastique rythmique une liaison avec Vladimir Poutine. Ce détail signifie donc forcément que le tout-puissant maître du Kremlin l'a enfin épousée. Il justifie même le retour à Moscou de celle que l'on croyait cachée en Suisse depuis le début de l'offensive russe en Ukraine le 24 février 2022.

Deux mois de chaos, de bombardements, d'exils involontaires. Des morts de part et d'autre, le premier charnier révélé à Boutcha, une escalade verbale culminant avec le terme de « génocide » employé pour la première fois par le président américain Joe Biden. Cette violence absolue, on le pressentait, allait se prolonger encore longtemps. Et soudain on se focalisait sur le sort de cette femme… Un dérivatif futile, mais aussi une méprise. Alina Kabaeva a l'habitude de porter des anneaux dorés, mais vides de sens, depuis qu'elle a décroché, en 2004, le plus important à ses yeux : l'or des Jeux olympiques.

Comme toujours, on a extrapolé, on a voulu y déceler la preuve d'un engagement tangible et officiel. La certitude qu'Alina Kabaeva entretient bien une relation amoureuse avec Vladimir Poutine, de trente ans son aîné, une aventure extraconjugale révélée dès 2008, quand la jeune femme avait vingt-cinq ans. Un an plus tôt, cette brune lumineuse mettait un terme à sa carrière sportive et apparaissait régulièrement lors de soirées officielles au Kremlin. Jamais très loin de celui qu'elle avait rencontré pour la première fois en 2001. Il suffisait d'observer les regards de Vladimir Poutine pour deviner l'attraction que la jeune femme exerçait sur lui. Au-delà de sa beauté, de son sourire irrésistible, sans doute s'était-il un peu reconnu dans le caractère de la sportive, un mélange d'orgueil et de froide détermination.

À la fin de ses deux premiers mandats à la tête du pays, Poutine venait d'être intronisé chef du gouvernement de Dmitri Medvedev, choisi comme successeur, quand le journal *Moskovski Korrespondent* a publié un article sur l'idylle inavouable. En ce samedi 12 avril 2008, un traiteur de Saint-Pétersbourg témoignait même avoir été choisi pour la noce imminente. Quant à ce cliché d'un baiser volé dans un restaurant... La déflagration fut énorme. Vladimir Poutine a connu d'autres aventures extraconjugales et s'est toujours défendu en avouant aimer les femmes russes « parce qu'elles sont russes et talentueuses ». Depuis 1983, année de naissance de Kabaeva, l'ancien agent du KGB est pourtant marié à Lioudmila Chkrebneva, une hôtesse de l'air qui lui a donné deux filles. Cette fois, l'épouse bafouée s'insurge, en appelle à l'Église orthodoxe. Elle connaît les liens étroits et stratégiques noués par son mari avec le patriarcat de Moscou, lui empruntant ses valeurs morales et conservatrices pour endosser le rôle du sauveur de la patrie.

Évidemment, cette liaison est démentie par un porte-parole de la maîtresse supposée, et férocement niée par Vladimir Poutine. Il séjourne alors en Sardaigne, dans la villa Certosa de son ami Silvio Berlusconi. Ces deux-là ont toujours partagé un certain goût pour l'hédonisme et la richesse. Mais il convient de balayer l'affront. Et quand l'envoyée spéciale de *Nezavissimaïa Gazeta*, l'un des rares quotidiens encore jugés indépendants, ose poser une question sur le sujet lors d'une conférence de presse organisée quelques jours plus tard, Vladimir Poutine crache littéralement sa réponse : « Il n'y a pas un seul mot de vrai. J'ai toujours eu un sentiment de mépris à l'égard de ceux qui, avec leur nez morveux et leurs fantasmes érotiques, se mêlent de la vie des autres. La société a le droit de savoir comment vivent les gens qui ont un rôle public. Mais il y a des limites. » Debout à ses côtés, Berlusconi semble amusé par la situation. Il cligne d'un œil, visant l'impétrante en mimant un tir de mitraillette.

Si le geste arrache un sourire à son invité, il ne détend pas pour autant l'atmosphère. On ne joue pas impunément les indiscrets quand il s'agit de Vladimir Poutine. Suspendu pour raisons financières dans un premier temps, *Moskovski Korrespondent* cesse bientôt son activité. Quant à l'auteur du premier article sur le sujet, il vit depuis en exil. Mais ces mesures n'ont pas suffi à étouffer la rumeur. Et la fulgurante ascension sociale d'Alina Kabaeva suscite encore plus de curiosité. D'abord son engagement en politique (même si la députée se montra souvent dissipée sur les bancs de la Douma) et sa nomination à la présidence du conseil d'administration du groupe national de médias NMG, tentaculaire consortium de presse pro-pouvoir détenu par la société Gazprom. Sans parler des largesses des oligarques proches de Poutine : on lui offre, à elle et sa famille, des salaires mirobolants, des appartements, on lui prête de somptueuses propriétés à l'étranger. Sans oublier ses fréquents séjours à bord du *Sheherazade*, un yacht longtemps amarré au large de Marina di Carrara, en Italie, dont l'équipage travaille pour le FSO, le service de protection fédéral qui veille à la sécurité du président russe… et de sa famille.

Depuis le divorce de Vladimir Poutine, prononcé en 2013, certains considèrent Alina Kabaeva comme l'une des femmes les plus influentes du pays, la seule, ou presque, capable de réfréner ses velléités expansionnistes et sa paranoïa. La vie de cette compagne de l'ombre est devenue comme un voile de suppositions. Le monde cherche à l'observer en transparence mais se heurte au silence de l'intéressée, à l'opacité des secrets. Alina Kabaeva cultive un mystère insondable, alimentant tous les fantasmes. Elle a fait sien le précepte de Vladimir Poutine depuis ses années passées dans les services secrets russes : ne jamais parler de la sphère privée. Une manière de protéger ses proches, en plus d'elle-même. Quitte à susciter toutes les élucubrations. Le couple aurait ainsi plusieurs enfants. Deux, trois, quatre ? Leur nombre varie selon les sources.

« Je ne discute jamais des questions liées aux membres de ma famille », rétorque l'intéressé aux interrogations trop personnelles. La seule exception date de la campagne présidentielle de 2000, ayant conduit à sa première élection. Il l'avait compris : les gens souhaitaient découvrir l'homme derrière ce regard bleu acier et seraient plus enclins à l'élire s'il donnait plus de détails sur son histoire personnelle. D'où cette image si souvent véhiculée de la petite frappe assagie grâce au code moral du judo. Des confidences réitérées face au réalisateur américain Oliver Stone dans le cadre de son documentaire en quatre épisodes *Conversations avec M. Poutine*, diffusé en 2017.

Bonne élève, Alina Kabaeva n'est pas plus bavarde. Pareille à un fantôme, elle s'évanouit dans la nature avant de reparaître aux moments les plus opportuns. De plus en plus commenté, le « mystère Kabaeva » n'a cessé de s'amplifier depuis le début de la guerre en Ukraine. Et on ne le doit pas à l'admirable carrière de la sportive, auréolée de deux médailles olympiques, neuf titres mondiaux et seize couronnes européennes. Un phénomène d'un autre genre a provoqué les interrogations, les investigations et les nombreux articles parus dans les plus sérieux organes de presse du monde : intime ou pas, la relation d'Alina Kabaeva avec Vladimir Poutine est une réalité.

Deux semaines après le déclenchement des hostilités en Ukraine, les regards des paparazzis se tournaient vers la Suisse. Selon plusieurs sources, l'ancienne championne réside dans un luxueux chalet avec ses enfants, sur les hauteurs dorées de Lugano – et sous très haute protection. Mais cette présence n'est pas du goût de tout le monde. « Réunissez Eva Braun et son Führer », peut-on lire dans le texte d'une pétition en ligne accusant le pays de complaisance : « Malgré la guerre actuelle, la Suisse continue d'héberger une complice du régime de Poutine. » Le texte, virulent, compare Kabaeva à la maîtresse d'Hitler, à « la favorite d'un dictateur fou et criminel de guerre ». Traduite en trois langues (allemand, anglais et français), cette pétition réclamant son expulsion a recueilli plus de soixante-quinze mille signatures. Les autorités helvétiques, par la voix du Département fédéral de justice et de police, ont beau démentir, certifier qu'Alina Kabaeva ne séjourne pas dans le Tessin, personne ne les croit.

Au même moment, d'autres rumeurs circulent. Pourquoi la compagne présumée de Poutine serait-elle à l'étranger et non en sécurité en Russie ? Selon un politologue, Vladimir Poutine a fait évacuer ses proches dans un abri antinucléaire caché sous les montagnes de l'Altaï. Une véritable ville souterraine, construite il y a une dizaine d'années par Gazprom et dotée de tout le luxe imaginable. Peu de temps après, Kabaeva surgit à Moscou, faisant mentir toutes les théories échafaudées.

Sa présence au festival « Alina » dédié à la jeunesse semble normale : elle l'a créé en 2009 et lui a donné son prénom. Le spectacle mêle son sport de cœur, la GRS (gymnastique rythmique et sportive), à des séquences de danse et d'acrobaties. Il réunit chaque année les plus grandes championnes du moment et la jeune garde triomphante, mais aussi des judokas, des sumos, des joueurs de tennis. Son amie Ekaterina Sirotina, entraîneure de l'équipe nationale junior, a imaginé les différents tableaux et les a mis en scène. C'est elle qui a laissé fuiter le fameux cliché sur Instagram, en oubliant d'en référer au Kremlin. Le lendemain, plus de dix mille personnes se ruent dans les gradins de la VTB Arena, parc réaménagé autour de l'ancien stade du Dynamo, au nord de Moscou, et assistent à une illustration libre de la Grande Guerre patriotique (1941-1945). Le spectacle est diffusé à la télévision nationale le 8 mai, veille du jour de la victoire sur l'Allemagne nazie. Quand Alina Kabaeva prononce son discours inaugural, les spectateurs remarquent, outre les ravages de la chirurgie esthétique, un ruban de Saint-Georges accroché à sa robe fuchsia. Un nœud rayé orange et noir, symbole des valeurs militaires et associé au nationalisme russe. Interdit en Ukraine depuis 2017, il est brandi par l'armée russe depuis les premiers jours de l'invasion. « Notre fête est un hommage à la mémoire, une reconnaissance envers le peuple vainqueur. Ceci est notre bouquet de fleurs à la flamme éternelle de la victoire », lance Alina.

Pendant deux heures, les artistes se succèdent, rejouant des épisodes des années de guerre. Et un vétéran lit les lettres envoyées du front par ses amis. Les costumes, les hymnes de l'époque entonnés par un chœur militaire et l'agilité des gymnastes touchent les cœurs. « Vous voyez, cette histoire n'appartient pas au passé, elle reste en nous », réagira plus tard Alina Kabaeva face aux journalistes, debout devant un panneau recouvert de ces « Z » symboles de l'armée russe en Ukraine. « Chaque famille a une histoire de guerre. En aucun cas nous ne devons l'oublier. Nous devons la transmettre de génération en génération. » Un exemple de pure propagande, signe d'un soutien indéfectible au maître du Kremlin.

Dès le 13 mai, le gouvernement britannique annonce une vague de sanctions prises à l'encontre du cercle le plus proche de Vladimir Poutine. Officiellement, les actifs du président russe sont modestes : un petit appartement à Saint-Pétersbourg, deux voitures de l'ère soviétique, une remorque et un petit garage. Mais pour Londres, il dispose d'immenses richesses, grâce à un réseau comprenant sa famille, des amis d'enfance et une élite ayant profité de son règne qui, en contrepartie, finance son mode de vie. Sur la liste des personnalités sanctionnées figurent sa femme, ses filles, des cousins, des oligarques, mais aussi… Alina Kabaeva. « Elle est soupçonnée d'avoir une relation personnelle étroite avec Poutine et a précédemment siégé comme députée à la Douma pour la Russie unie de Poutine », précise le ministère des Affaires étrangères britannique dans un communiqué. L'Union européenne et l'Australie votent des sanctions similaires, avec confiscation de biens, gel des avoirs, interdiction d'entrer sur leurs territoires. Les Américains avaient commencé à adopter des mesures similaires dès avril, mais l'administration de Joe Biden avait d'abord écarté le nom de la maîtresse de Vladimir Poutine, craignant une escalade avec la Russie. Avant de se rallier à leurs partenaires occidentaux début août, le département du Trésor précisant même : « Kabaeva entretient une relation proche avec Poutine. » La voici désormais personnellement ciblée, dans le cadre de sanctions visant à « imposer des coûts élevés à ceux qui soutiennent la guerre du président Vladimir Poutine ».

Comme elle, sa mère, sa sœur et même sa grand-mère se retrouvent de facto dans le collimateur international, accusées de soutenir ce conflit. Pourtant, rien dans leur histoire familiale n'aurait laissé imaginer un tel destin.

2

Pour comprendre le parcours particulier d'Alina Kabaeva, il faut d'abord s'intéresser à sa famille, notamment à son père, dont les contrats sportifs ont rythmé son enfance. Ce voyage dans le temps raconte l'histoire singulière d'un immense pays et surtout de l'Union soviétique, démantelée au début des années 1990, époque où la gymnaste entrait à peine dans l'adolescence.

Marat Kabaev est né le 27 mai 1961 à Uzun, mais n'a pas vécu longtemps dans ce village de la province de Sourkhan-Daria, à la pointe méridionale de l'Ouzbékistan, à la frontière de l'Afghanistan. Il a suivi ses parents à Tachkent, où son propre père, Vazykh, a pris les fonctions de président de la Fédération nationale de lutte à la ceinture, appelée *koresh*. Le sport, déjà, comme trait d'union entre les générations de cette lignée.

Le koresh est un art martial ancestral pratiqué par les peuplades turques dispersées sur tout le territoire soviétique. Notamment les Tatars, ethnie à laquelle appartiennent les Kabaev. Les lutteurs, les mains entravées par une sorte de foulard, tentent de faire tomber leur adversaire sur le dos. Les règles varient selon les régions, les traditions. Si les Tatars n'ont pas de technique de pieds, le koresh tchouvache, le plus répandu, utilise un jeu de jambes actif. À l'origine, il se pratiquait d'ailleurs pieds nus, à même la terre : les hommes tiraient leur force du sol. Les combats se déroulaient lors des mariages, des fêtes de village, on les attendait avec impatience. Les enfants étaient initiés dès leur plus jeune âge. Prouver sa force en culbutant l'autre permettait de recevoir un mouton et le titre de *pattar*, qui signifie « Hercule » en turc. Un honneur pour le vainqueur, un affront à laver la prochaine fois pour le perdant.

Depuis 1995, à l'initiative entre autres de Vazykh Kabaev, les règles ont été unifiées, des compétitions officielles organisées. Les athlètes portent désormais un pantalon blanc, signe de pureté ; le premier qui foule le tatami reçoit une ceinture rouge, représentant le mal, son adversaire en arbore une noire, symbole du bien. Cette philosophie a toujours échappé à Marat Kabaev, hermétique à l'atavisme. Lui se passionne davantage pour le basket et plus encore pour le football. Il joue partout où il peut. Et se fait repérer par un entraîneur réputé, Vladimir Matveev. Celui-ci propose au père de le prendre sous son aile à Moscou sans que cela coûte un kopeck à la famille.

À quinze ans, Marat gagne donc la capitale et s'installe à Kaliningrad, cité-dortoir située à une dizaine de kilomètres au nord-est de Moscou qui sera rebaptisée plus tard Korolev[1]. Le changement de vie est radical pour l'adolescent. Il passe d'abord trois ans dans un collège professionnel, impatient de taper dans un ballon. Puis intègre l'équipe appelée *Troudnovié reserve* (la « réserve du travail »), une émanation des syndicats de l'époque. Marat Kabaev y travaille son jeu et se fait embaucher, à tout juste dix-huit ans, par le club de Termez, évoluant en division 2 soviétique. Un premier contrat et un retour aux sources pour le jeune homme : située en Ouzbékistan, Termez est la plus grande ville proche de son village natal. La cité s'enorgueillit d'un riche passé : Alexandre le Grand y a établi son campement, puis Perses sassanides, Huns et Arabes y ont défilé… Longtemps étape importante sur la route de la soie, la ville décline après l'invasion mongole de Gengis Khan. Jusqu'à son assimilation par l'Empire russe. En décembre 1979, Marat Kabaev vient à peine de signer et la guerre éclate en Afghanistan, transformant Termez en base arrière de l'armée soviétique.

---

1. Du nom de l'ingénieur Sergueï Korolev, qui y fit décoller le premier avion propulsé par une fusée. Korolev est considéré comme le père de l'astronautique soviétique.

Surtout, le 11 août de cette même année 1979, l'Ouzbékistan est endeuillé par une terrible catastrophe aérienne. Deux avions se percutent en plein vol, quelque part au-dessus de l'Ukraine, avec cent soixante-dix-huit personnes à leur bord. Le club de foot du Pakhtakor Tachkent, pensionnaire de la première division soviétique, est décimé.

Créé en 1956, le club accédait trois ans plus tard à la première division. Et, en 1968, devenait la première formation d'Asie centrale à atteindre la finale de la prestigieuse Coupe d'URSS, perdue d'un petit but face au puissant Torpedo Moscou, fondé par le syndicat des métallurgistes. Pas mal pour ces petits *pakhtakorlar*[1].

Le jour de la tragédie, certains joueurs hésitent à monter dans l'avion pour Minsk. Ils ont été traumatisés quelques semaines plus tôt par un vol tumultueux vers l'Indonésie, entre défaillance technique, incompétence des pilotes et turbulences atmosphériques. Deux des passagers n'auraient même pas dû être à bord. Mikhaïl An vient de se blesser, mais tient à accompagner ses camarades pour les encourager ; Sirojiddin Bazarov, âgé de tout juste dix-huit ans, aurait déjà dû être en Biélorussie pour y jouer avec l'équipe réserve, mais il a raté son avion la veille.

---

1. Surnom signifiant littéralement les « producteurs de coton », l'industrie textile étant la principale activité économique de Tachkent.

Jusqu'à l'escale prévue à Donetsk, dans le Donbass ukrainien, tout se passe à merveille. Et quand le Tupolev 134 rejoint de nouveau les airs, personne ne peut imaginer le drame à venir.

Leonid Brejnev, secrétaire général du Parti communiste soviétique, doit embarquer pour la Crimée et il faut libérer des voies aériennes sur son passage. Le personnel s'active au sol. Mais les contrôleurs se trompent dans leurs calculs et le crash avec un vol commercial en provenance de Tcheliabinsk ne peut être évité. Une grêle noire s'abat sur le village de Kourilovka, situé non loin de l'industrieuse Dniprodzerjynsk, dans lequel un mariage est célébré : des morceaux de carlingue, des sièges, des valises, des chaussures. Les noceurs raconteront des souvenirs d'horreur. Certains meurent, paraît-il, de crise cardiaque en apercevant les restes déchiquetés de corps humains accrochés aux arbres.

Les jours suivants, on assiste au défilé de soldats, de médecins légistes venus enquêter sur les lieux imprégnés d'une odeur atroce. Mais les autorités essaient de cacher l'accident aux familles des victimes. Un employé du comité des sports d'Ouzbékistan évoque d'abord une intoxication alimentaire. Les joueurs et le staff seraient à l'hôpital. Les proches apprendront la vérité une fois sur place : un vol est spécialement affrété pour les exposer à la froide réalité. Quant à la presse, elle relaiera l'affaire avec une semaine de retard, parlant de l'enterrement des membres de l'équipe sans indiquer la cause de leur décès.

Ainsi va alors l'information en Union soviétique. On reste loin de la glasnost, cette transparence annoncée au temps de la perestroïka et portée par Mikhaïl Gorbatchev. Impossible d'impliquer le plus haut personnage politique de l'URSS, de révéler la responsabilité de Leonid Brejnev dans cette catastrophe. Une immense vague d'émotion déferle alors sur Tachkent, et désormais toute la population de la république d'Ouzbékistan ressent un attachement indéfectible pour le club du Pakhtakor, symbole de sa fierté. Dans un élan de compassion, la Fédération soviétique de football lui offre une exemption de relégation pour trois ans. Et les dirigeants survivants, ceux qui n'ont pas pris ce vol, commencent à inviter des joueurs de différents clubs pour composer une nouvelle équipe.

Parmi eux, Marat Kabaev arrive à Tachkent en 1980. Ce n'est pas le milieu de terrain le plus talentueux de sa génération, loin de là, mais il possède une bonne formation technique, assume des velléités offensives et se révèle plutôt efficace quand il entre en jeu. Marat participe activement à la résurrection de l'équipe et enchaîne avec elle douze rencontres sans défaite en 1982. Le Pakhtakor obtient même son meilleur classement cette année-là : sixième du championnat d'URSS. Plusieurs joueurs émérites d'Union soviétique composent alors le collectif, comme Alexandre Yanovski, dont le neveu Igor jouera au Paris Saint-Germain à la fin des années 1990. Et surtout Andreï Yakubik, médaillé de bronze avec l'équipe d'URSS lors des JO de Munich en 1972, devenu l'attaquant prolixe du Pakhtakor en marquant soixante-deux buts en cent dix-sept matchs, de 1979 à 1982.

Une période faste pour Marat Kabaev. Le club paie 700 roubles pour chaque victoire, quand le salaire moyen en URSS plafonne autour de 200 roubles. En cette année 1982, chaque joueur reçoit entre 3 000 et 4 000 roubles par mois. De quoi acheter un appartement d'une pièce à Tachkent, pense Marat, pressé de s'affranchir de sa famille. Le Pakhtakor lui offre mieux : un trois-pièces en rez-de-chaussée, dans un immeuble récent du centre-ville.

Il rencontre alors Lioubov Zatsepilina, une basketteuse. Elle joue moins bien que sa sœur Tania, mais étudie à l'Institut d'éducation physique. Si lui est d'origine tatare, donc de confession musulmane, Lioubov est russe orthodoxe. Issue d'une famille prolétaire installée dans le quartier de Tchilanzar, dans le sud-ouest de Tachkent. Cette banlieue rurale avait connu une expansion considérable après la destruction de la ville par le tremblement de terre de 1966. Lioubov et les siens vivent dans l'une de ces HLM bâties sous Nikita Khrouchtchev pour remplacer les *baraks*, ces vieilles casernes en bois sans commodités modernes construites à la va-vite lors de la pénurie de logements des années 1920.

Grâce à sa mère, une cuisinière célèbre pour ses boulettes de viande, la jeune femme va rencontrer Marat. Les deux sportifs commencent à se fréquenter, même si le footballeur passe la plupart de son temps à une quinzaine de kilomètres de Tachkent, là où le club a établi sa base. Un site prestigieux équipé d'infrastructures parmi les plus modernes de l'Union soviétique. Lioubov poursuit ses études mais se heurte soudain à l'administration. Elle risque même l'expulsion : une enseignante l'accuse d'avoir triché lors d'un examen d'économie politique. La jeune femme peine à se défendre. Désespérée, elle demande à Marat et ses amis de convaincre les dirigeants du Pakhtakor d'intercéder en sa faveur. Ils ne se font pas prier.

Mais une autre épreuve attend Lioubov Zatsepilina. Quand elle tombe enceinte sans le vouloir, son entourage la plaint. Marat Kabaev a toujours préféré la vodka aux préceptes de la religion musulmane, ses anciens coéquipiers l'ont attesté. Au grand dam de sa mère, très respectueuse du ramadan, et de son grand-père maternel, dont il raconte pourtant volontiers la vie tumultueuse. Celui-ci a grandi dans le village d'Ourman-Asty, en Bachkirie, une république entre l'Oural et la Volga. Et participé à la guerre civile de 1917-1922. D'abord aux côtés des Russes blancs : il s'était caché un jour dans une grange avec ses camarades. Quand ils ont été débusqués par un détachement dirigé par Vassili Tchapaev, l'un des héros bolcheviks, craignant d'être abattus, ils ont rejoint le camp des Rouges. Plus tard, le grand-père de Marat a combattu en Carélie en 1939, puis sur le front de Leningrad pendant la Grande Guerre patriotique, avant de s'intéresser à l'islam après l'armistice. Devenu un mollah dans son village, il a eu neuf enfants et vécu jusqu'à quatre-vingt-dix ans.

Marat Kabaev aurait aimé suivre son exemple. Mais sa génération a un goût prononcé pour l'alcool, un penchant destructeur qui ne favorise pas les carrières de haut niveau. Sa future femme s'en accommode. Elle est assez jolie, mais n'a jamais été qualifiée de belle femme. En revanche, elle est énergique et joyeuse. Ces qualités lui permettront de dépasser les obstacles avec un optimisme inaltérable.

La naissance d'Alina, le 12 mai 1983, ne modifie pas outre mesure le quotidien des Kabaev. Du moins en apparence. Marat poursuit sa carrière au sein du Pakhtakor et sa jeune épouse s'occupe de leur fille, bébé adorable dont le sourire efface le moindre nuage. Lioubov tient l'appartement, où elle rassemble les amis et les épouses des joueurs de l'équipe. Elle a hérité du don de cuisinière de sa mère et leur mitonne des recettes russes et ouzbèkes. Des soupes et des *laghman*, ces nouilles longues accompagnées de légumes ou de viandes. Ou encore le traditionnel *plov*, ragoût de mouton succulent avec du riz pilaf agrémenté de légumes, d'aromates et décoré d'œufs durs.

L'appartement des Kabaev est idéalement situé, près du célèbre bazar d'Alaï, un des plus anciens marchés de la ville. Un lieu légendaire où l'on annonçait les firmans (ordres des régents) et où l'on exécutait ou graciait les criminels. On y organisait des fêtes populaires, on y vendait les plus belles soies d'Inde ou de Chine, des articles de céramique, de cuivre, de métaux précieux. Pourtant, le bazar d'Alaï n'était pas aussi prestigieux que ceux de Boukhara ou Samarcande, sur la route de la soie. Ici, on a d'abord vendu des bestiaux, des animaux domestiques, de la simple viande. Des légumes et des épices. Exactement ce dont la cuisinière a besoin.

Lioubov Kabaeva ne se plaint jamais. Elle bénéficie d'une vie plutôt confortable sous le régime soviétique. Grâce aux primes de son mari, elle n'a pas les soucis de ses voisines pour s'approvisionner. Mais lorsque Marat rentre de l'entraînement, épuisé physiquement, elle lui lance comme un mantra : « Tu ne peux pas boire, Tatar. Ne bois pas ! » Tous les proches de l'époque s'en souviennent encore.

En 1984, le Pakhtakor Tachkent se trouve relégué en deuxième division et la famille Kabaev doit s'accommoder d'une diminution drastique de ses revenus. Elle ne s'inquiète pas longtemps : Marat est sollicité pour rejoindre le FK Dnipro, en Ukraine. Ce club majeur sur l'échiquier national vient justement de remporter le championnat d'URSS et va disputer la Coupe d'Europe, mettant fin à la rivalité traditionnelle entre le Dynamo Kiev et le Spartak Moscou.

Le Dnipro n'est pas un club comme les autres. Depuis 1961, il est financé par Loujmach, une usine automobile reconvertie dans la production en série de missiles. Aujourd'hui, il relève même de l'Agence spatiale nationale d'Ukraine. Les Soviétiques surnomment ça une « boîte aux lettres ». Pas d'adresse officielle, pas de numéro dans les annuaires téléphoniques, juste une boîte postale. L'une de ces sociétés d'État militaro-industrielles développées dans le plus grand secret, à grand renfort de subventions. Cette manne financière permet de verser des salaires deux à trois fois plus élevés qu'ailleurs et profite aux sportifs. L'Union soviétique a depuis longtemps choisi ces héros des temps modernes comme vitrine du modèle communiste.

Les primes s'élèvent ainsi à 800 roubles pour une victoire nationale, et jusqu'à 3 000 pour une incursion en Coupe d'Europe. Une petite fortune quand on sait qu'une Lada coûte alors aux alentours de 6 000 roubles et qu'il faut patienter sept à huit ans avant d'en obtenir une. Les joueurs du

Dnipro en possèdent tous. Et ils volent en charter. Même s'il s'agit en fait d'avions militaires, sans hublots…

La France va découvrir ce club pendant la saison 1984-1985. Bordeaux, mené par le tandem Claude Bez-Aimé Jacquet, affronte alors les Ukrainiens en quart de finale de la Coupe d'Europe des clubs champions. D'abord à domicile, puis à Krivoï-Rog (à 150 kilomètres de Dniepropetrovsk, alors interdite aux étrangers à cause de son complexe militaro-industriel). Les deux équipes se séparent sur un score de parité (1-1). Les tirs au but finissent par éliminer les Soviétiques. Mais les Bordelais s'inclineront au tour suivant face à la Juventus, vainqueur final de l'épreuve.

Hélas, Marat Kabaev ne participe pas à cette compétition. Il a finalement renoncé au contrat proposé. Pourtant, Volodymyr Yemets a insisté pour le recruter. À la tête du Dnipro de 1981 à 1986, c'est un technicien reconnu dans le pays. Et pas seulement pour ses qualités d'entraîneur : on le soupçonne de truquer les rencontres, ce qui lui a valu le sobriquet de « Yemets la main d'or ». Ce surnom a déjà existé : « Sonia la main d'or », de son vrai nom Sofia Bluvshtein, n'avait rien à voir avec le sport, mais son style, son sang-froid, son talent de comédienne et sa grande beauté lui valurent au XIXe siècle le titre de reine des voleuses. Elle a longtemps échappé à la justice, avant de mourir en 1902 sur l'île de Sakhaline. Avec la même filouterie, semble-t-il, Volodymyr Yemets a poursuivi sa carrière jusqu'à son décès en 1987, à l'âge de cinquante ans. Une fois, pourtant, le stratagème mis au point avec l'arbitre n'a pas convaincu. Quand le Pakhtakor, encore lui, a perdu 2-3 sur son propre terrain, les supporteurs étaient furieux. L'un d'eux balança un verre au visage de Yemets, qu'on dut évacuer sur une civière. À la main d'or faillit s'ajouter un œil de verre.

Cette proposition n'est pas allée à son terme, mais elle a fait réfléchir Marat. Il se sent l'âme d'un légionnaire, même s'il affiche pour l'instant sa fidélité à son club. Depuis la naissance d'Alina, il a pris l'habitude de l'emmener à l'entraînement. La grossesse de Lioubov n'était pas prévue mais il est tombé en adoration devant le bébé une fois né. Un trésor avec lequel il joue dès que possible. Alina, si solaire, séduit même les plus grincheux et devient l'attraction des terrains. Surtout quand elle commence à gambader joyeusement, à attraper des ballons encore trop gros pour ses petits bras.

Finalement, Marat Kabaev s'éloigne de Tachkent en 1986. Une opportunité le guide vers Rostov-sur-le-Don, même si la famille vient de s'agrandir, d'accueillir une deuxième fille, Leysan. Il reste seulement un an aux portes du Caucase, revient au Pakhtakor et y signe sa plus belle saison en étant le meilleur buteur de son équipe. Entre 1987 et 1988, il joue quatre-vingt-quatre matchs, soulignés par vingt et une réalisations. La famille retrouve ses marques. Anna Zatsepilina, comme toute bonne babouchka, assiste sa fille au quotidien. La grand-mère cuisine pour sa petite-fille, comble sa gourmandise pour la détourner de ses inquiétudes. Malgré son jeune âge, Alina sent bien que sa mère est préoccupée par la santé de sa petite sœur, trop souvent souffrante. Elle s'apaise quand, à cinq ans, elle commence à fréquenter le jardin d'enfants et découvre la gymnastique dans une école située à deux pâtés de maisons.

Mais l'ombre du Dnipro resurgit, le club vient de remporter son second titre de champion d'URSS et s'apprête, une fois encore, à disputer la Coupe d'Europe. Désormais, Evgueni Koucherevski dirige l'équipe. Le personnage est moins folklorique que Volodymyr Yemets, mais obtient plus de constance dans les résultats. Marat ne peut refuser l'invitation. Même si l'annonce de son transfert est ressentie comme une trahison par le Pakhtakor. Le joueur évacue les critiques d'un revers de main et revend tout ce qu'il possède à Tachkent. Mais dès les premiers entraînements organisés à Sotchi, au bord de la mer Noire, le père d'Alina se blesse au dos. Et se fait soigner par Nikolaï Kasyan, le chiropracteur des célébrités, parmi lesquelles la première astronaute soviétique, Valentina Terechkova.

Dépité, Marat ne dispute qu'un seul match avec le Dnipro. Le voilà contraint de supplier son ancien club de le reprendre. En devant s'excuser à genoux. Il reçoit l'aide de Sergueï Dotsenko, le nouveau visage du club, et de Berador Abdouraimov, la légende du football ouzbek. Sur l'insistance de Dotsenko, qui l'accompagne au comité exécutif de la ville, Marat se voit attribuer un quatre-pièces au septième étage d'un immeuble de l'avenue des Cosmonautes. Il partage le palier avec Andreï Piatnitski, futur milieu de terrain du Spartak, que le club de Monaco approchera au début des années 1990.

Les saisons passent et Marat ne concrétise pas vraiment ce potentiel qui lui avait permis d'intégrer l'équipe junior soviétique en 1981, pour participer à un tournoi international à Toulon. Il vit de son sport, plutôt mieux que d'autres, mais sans jamais sortir du lot. Quand l'URSS s'effondre, en 1991, il accepte d'aller jouer au Kazakhstan, emmenant femme et enfants. Il y remporte un titre national et Alina y poursuit sa formation d'apprentie gymnaste. Peu importe si son père navigue toujours d'un club à un autre, en Ouzbékistan, en Russie, et même en Israël, où il se rendra seul. Sa fille aînée a trouvé sa voie et déménage à Moscou en 1995, avec sa mère et sa petite sœur. Et quand son père décide de mettre un terme à sa carrière de joueur en 1998, Alina Kabaeva se révèle au monde en décrochant à quinze ans le titre de championne d'Europe de gymnastique rythmique.

Toute petite, elle a suivi son père sur les stades, mascotte incandescente des clubs où il jouait. Elle le vénérait, il menait une vie différente des autres. Mais elle a désormais commencé à écrire sa propre histoire. Dans une discipline qui faillit la rejeter, mais qu'elle finira par révolutionner.

3

N'importe quel sportif vous le dira : sa carrière repose d'abord sur son corps. Cet outil de travail singulier doit être façonné, renforcé, poussé au-delà de ses limites. Un excès de trop et c'est la blessure. Alina Kabaeva, bien sûr, y sera confrontée plus tard. Mais le sait déjà : les problèmes physiques de son père ont dès son plus âge défini son destin. Si Marat Kabaev n'avait pas souffert du dos après avoir signé avec le FK Dnipro, il aurait sans doute prolongé son contrat. Et sa fille aînée aurait peut-être tenté l'aventure du patinage artistique en Ukraine, comme le souhaitait sa mère. Lioubov en a toujours été convaincue : Alina doit montrer ses capacités dans une discipline d'expression, non dans un sport collectif comme elle et son mari. Mais de retour en Ouzbékistan, elle a dû abandonner cette idée.

Tachkent disposait pourtant d'un palais de glace, construit en 1970, et son club, le Spartak, a participé au championnat soviétique de hockey. Un projet lié à la volonté du premier secrétaire du Parti communiste de cette république, Sharof

Rachidov. Mais les autorités soviétiques ont lancé une enquête contre lui et découvert qu'il falsifiait les chiffres de la production de coton pour recevoir plus de subventions. Ainsi en 1983, 981 000 tonnes auraient été rajoutées frauduleusement dans les registres de production. Un détournement évalué à trois milliards de roubles en moins de dix ans, l'équivalent de 4,1 milliards d'euros. Le scandale poussa l'homme fort de Tachkent au suicide et eut raison de sa patinoire, fermée en 1988. La capitale devra attendre un quart de siècle avant d'en retrouver une…

Lioubov a donc orienté sa petite Alina, dès l'âge de quatre ans, vers la gymnastique rythmique et sportive. Elle admire depuis longtemps cette discipline qui mêle danse et acrobatie, s'exécute avec des cerceaux, des ballons ou des rubans, connue sous l'acronyme GRS (même si le S a disparu au début des années 2000). Les Soviétiques préfèrent employer le terme de gymnastique « artistique », ils en sont les pionniers, ayant été les premiers à la développer, à organiser un championnat national dès 1945. Amateurs inconditionnels du ballet classique, ils apprécient la dimension chorégraphique conjuguée à des envolées plus athlétiques. Les défricheuses de ce sport évoluaient d'abord par groupes, en utilisant de petits engins portatifs. Puis les règlements se sont affinés, on a séparé les catégories individuelles et d'ensemble, des objets se sont imposés avec leurs spécificités :

corde, cerceau, ballon, massues et ruban. Cinq occasions différentes de jouer que la petite Alina Kabaeva adopte sans hésiter.

Quand sa mère s'entraînait encore sur les parquets de basket, il lui arrivait de jeter un œil dans la salle voisine. Attirée par la musique et la grâce des jeunes femmes sur ce tapis appelé « praticable ». Fascinée aussi par une enseignante brune et autoritaire. Elle rêve alors d'avoir une fille pour la confier à une technicienne de cette trempe. Sans imaginer un instant que celle-ci, une certaine Irina Viner, deviendrait un jour l'entraîneure d'Alina, et bien plus encore…

À la naissance d'Alina Kabaeva en 1983, Irina Viner exerce déjà depuis longtemps. Et obtient cette année-là une reconnaissance inédite : la première de ses plus talentueuses élèves, Venera Zaripova, s'immisce à la deuxième place du championnat d'URSS. Celle-ci avait déjà obtenu la médaille d'argent deux ans auparavant, devançant même la double championne du monde Irina Deriouguina. Une belle promesse, la jeune fille étant âgée de seulement quatorze ans. Mais les instances soviétiques avaient préféré qualifier la reine vieillissante pour disputer les Mondiaux, où elle dégringolera à une septième place indigne de son statut.

Cette fois, Venera Zaripova s'envole enfin pour les championnats du monde, disputés à Strasbourg. Elle impressionne, saute divinement, empruntant le classicisme de ses compatriotes Galina Beloglazova et Dalia Kutkaïte, tout en s'aventurant vers de nouveaux éléments techniques. Malheureusement, en toute fin d'exercice au cerceau, au moment d'oser un lancer avec le pied, l'engin s'échappe et sort du praticable. Dans la salle, c'est la consternation. La jeune fille ne se départ pas de son sourire, mais sera lourdement sanctionnée par les juges et glissera à la treizième place.

Irina Viner vit cet échec comme un affront. Un coup du sort, à un an des Jeux olympiques à Los Angeles ! Le programme officiel prévoit d'y inclure la GRS pour la première fois et sa protégée ne sera sûrement pas choisie pour y participer. Irina ne le sait pas encore : les Soviétiques et les Bulgares (qui dominent alors la discipline), comme une grande majorité du bloc communiste, vont boycotter la grande fête quadriennale et abandonner le premier titre de l'histoire à la Canadienne Lori Fung, seulement vingt-troisième des Mondiaux en 1983.

Irina Viner se sent ostracisée en URSS depuis des années. Elle représente juste la petite république d'Ouzbékistan et ses élèves sont considérées comme ces pauvres moujiks labourant les champs, ces enfants contraints à ramasser le coton. Beaucoup les méprisent. Les stars, ce sont les Ukrainiennes, préparées par Irina Deriouguina. Cette entraîneure a créé un centre à

Kiev et l'anime avec sa mère, Albina. Elle pèse auprès de la fédération soviétique par la grâce de son palmarès, mais aussi par l'image très glamour renvoyée depuis son mariage avec Oleg Blokhine, le meilleur footballeur du pays, couronné par le prestigieux Ballon d'or en 1975. Face à elle, Irina Viner aura du mal à s'imposer.

Née à Samarcande en 1948, elle découvre la gymnastique à l'âge de onze ans. Son grand-père, violoniste réputé, lui a transmis l'amour de la danse. Avec le ruban, elle copie les mouvements du pinceau de son père, un artiste peintre apprécié en URSS. Elle se raconte des histoires, rêve de devenir actrice. Mais sa famille la destine à une autre forme d'art, la médecine, pratiquée par sa mère. Quand l'adolescente passe avec succès une audition pour jouer au théâtre, ses parents lui cachent la lettre annonçant qu'elle est retenue. Furieuse de l'apprendre, elle change de voie après une première année en école de médecine : la GRS sera l'exutoire de ses ambitions artistiques. À la fin des années 1960, elle sort diplômée de l'Institut des sports pour se mettre à l'enseigner.

Mère d'un petit garçon en 1973, après un éphémère mariage, Irina Viner se voue corps et âme à ses jeunes gymnastes. Elle a beau les adorer, elle se révèle intransigeante, d'une exigence presque féroce. Et ainsi, parvient à guider Venera Zaripova vers les sommets. Mais elle ne s'émeut pas quand, les chevilles endolories, la jeune femme cesse de progresser et met fin à sa carrière. Une autre, Marina Nikolaeva, a désormais ses faveurs et lui permet de maintenir sa place en équipe nationale.

Elle repère de nouveaux prodiges et les cajole. Parmi ces phénomènes, Amina Zaripova (sans lien de parenté avec Venera) et Yana Batyrchina, toutes deux nées à Tachkent, respectivement en 1976 et 1979. Elles ont été confiées très tôt à Irina Viner, qui se délecte de leur souplesse extrême. À l'aube de 1990, elle les accompagne aux stages nationaux organisés dans la banlieue de Moscou, à Novogorsk. À quinze ans, Amina Zaripova participe ainsi à la victoire par équipe de l'Union soviétique, lors des championnats d'Europe juniors de 1991, décrochant au passage une médaille de bronze individuelle. À la clé, une invitation à préparer les Jeux olympiques qui se dérouleront l'année suivante à Barcelone. Mais l'empire soviétique se désagrège et ses républiques bientôt autonomes vont former une équipe unifiée sous la bannière de la CEI (Communauté des États indépendants).

Irina Viner s'en doute : sa protégée, trop tendre, ne sera pas retenue pour ces Jeux. Elle enrage surtout de constater les manigances des Ukrainiennes pour la qualification de leurs deux représentantes, au détriment de la sublime Sibérienne Oksana Kostina. Même si cette dernière déteste ouvertement Viner et ses comportements autoritaires. En même temps, les résultats donnent raison à cette inflexibilité : quatre ans après le sacre olympique de la Biélorusse Marina Lobatch, Alexandra Timochenko, déjà médaillée de bronze en 1988, se pare d'or en Espagne, et Oksana Skaldina complète le podium avec la médaille de bronze. Cette victoire éblouissante rejaillit sur leur entraîneure, Irina Deriouguina. Mais, quand les championnats du monde clôturent cette épique saison de 1992, Kostina les mate toutes et devient la championne du monde absolue. Une belle revanche après l'injustice d'avoir été privée des Jeux. Mais de courte durée…

Quelques semaines plus tard, Oksana Kostina décède dans un accident de la route. Son fiancé, le pentathlète Eduard Zenovka, double médaillé olympique à Barcelone (il décrochera une troisième récompense en 1996), était au volant. Une triste manière de tourner la page de l'URSS, définitivement enterrée, pour la gymnastique russe désormais orpheline. Les Ukrainiennes s'entraînent maintenant entre Kiev et Simferopol, en Crimée ; les Biélorusses rentrent s'installer à Minsk. Quant à Irina Viner, elle accepte de quitter l'Ouzbékistan pour s'occuper de l'école russe. En ces temps troublés, où chaque citoyen soviétique a la possibilité de choisir sa future nationalité, Amina Zaripova et Yana Batyrchina optent pour le camp choisi par leur mentor et un passeport russe. Elles vont avoir la lourde tâche de faire exister la nouvelle Russie sur la scène internationale.

Alina Kabaeva n'est pas encore concernée. L'apprentie gymnaste d'à peine dix ans rêve et danse devant la télévision familiale pendant la retransmission des Jeux olympiques de Barcelone. Elle balbutie dans la discipline mais s'amuse comme une folle. Depuis le retour d'Ukraine de son père, la petite fille a commencé à s'entraîner sérieusement. Des séances quotidiennes, un apprentissage mêlant danse classique, pour la tenue corporelle, et technique aux engins. Elle s'avère opiniâtre, disciplinée. Elle intègre la classe d'Elvira Romeïko, une femme qui divise dans le milieu. Et la première à l'affirmer n'est autre que Venera Zaripova.

Très proches, les familles Zaripov et Kabaev partagent les mêmes origines tatares. Surtout, le père de Venera a toujours été un ardent supporteur du Pakhtakor. Et avant même la naissance d'Alina, Marat Kabaev avait promis que sa propre fille brillerait un jour davantage que celle de son ami. Des années plus tard, la première étoile ouzbèke croise Marat, se souvient de ce serment et lui demande avec qui Alina s'entraîne. « Quand Marat m'a appris qu'Alina travaillait avec Romeïko, je me suis pris la tête à deux mains : pourquoi ? Ne serait-il pas possible de lui trouver une autre entraîneure ? Je savais que Romeïko était la pire ennemie d'Irina Viner, la seule qui pourrait offrir un avenir à Alina. » Venera Zaripova, qui vit depuis en Israël, raconte comment les deux techniciennes ont été à deux doigts d'en venir aux mains par le passé, tant elles se détestaient. Marat Kabaev refuse que la carrière sa fille s'achève avant même d'avoir commencé. Ils se mettent d'accord : l'ancienne protégée d'Irina Viner lui présentera Alina. Elle taira seulement le nom de son entraîneure actuelle. Quitte à mentir si Irina le lui demande.

Mais pour Lioubov, leur fille est encore trop jeune et doit rester avec eux. Elle va continuer de suivre son père au gré de ses pérégrinations footballistiques entre l'Ouzbékistan et le Kazakhstan. Rentrée à Tachkent, dans l'appartement de la rue Tchekhov, Alina passe sous l'aile protectrice d'une autre technicienne : Anelia Malkina. Et celle-ci reste la première à avoir compté à ses yeux. Elle l'incitera, elle aussi, à toquer à la porte d'Irina Viner. La fameuse entraîneure a enfin pris les rênes de la GRS russe à Moscou et n'hésite pas à se servir en talents venus des anciennes républiques de l'URSS.

Quand, en 1995, une certaine Lioubov Kabaeva vient lui présenter sa fille, elle ne fait pas le lien avec cette championne potentielle dont lui avait parlé Venera Zaripova. Mais elle accepte d'observer cette enfant venue la voir spécialement à Novogorsk. Mère et fille sont originaires de Tachkent, comme Venera. Et la petite est tatare, comme ses précieuses Amina Zaripova et Yana Batyrchina. Ces deux coïncidences suffisent à l'amadouer. Irina Viner ne se berce pourtant d'aucune illusion. La gamine a déjà douze ans, presque un âge canonique pour s'exprimer au plus haut niveau. Et surtout ses lacunes techniques sont abyssales. Mais elle n'est pas non plus comme les autres. « Un sourire hollywoodien, une lumière angélique dans les yeux. Et ces qualités physiques si rares. Un phénomène unique, mélange de talent et de beauté », affirmera-t-elle des années plus tard. Elle ne le dit pas le jour de leur rencontre, mais Irina Viner est séduite par le profil d'Alina Kabaeva. « J'ai dit à sa mère de rentrer à Tachkent, mais sa fille pouvait rester avec moi. Deux mois plus tard, je lui demandais de revenir. J'avais compris que sa fille serait une star à condition d'avoir sa mère à ses côtés. Main dans la main, âme contre âme, Lioubov et moi pourrions élever cette gymnaste au firmament[1]. »

Auparavant, Alina Kabaeva n'était pas prise au sérieux car un peu trop boulotte alors que les championnes ressemblent à des sylphides. Irina Viner lui impose donc un régime drastique, et même cruel pour une préadolescente de douze ans : trois jours d'entraînement sans rien avaler à part de l'eau. « Irina m'a dit : si tu ne mincis pas,

1. Interview réalisée par l'auteure en mai 2000 lors du tournoi de GR de Corbeil-Essonnes, pour *L'Équipe*.

je vais te presser pour extraire la graisse de ton corps avec mes propres mains. » Des années plus tard, Alina Kabaeva rira de cette horrible menace. Mais pas sur le moment : « J'avais tellement faim, je suppliais Irina pour avoir le droit de manger quelque chose. Je devenais folle en pensant aux blinis de ma grand-mère… » Pendant des années, elle va s'astreindre à un régime vertigineux. Comme toutes les gymnastes d'Irina Viner, elle aura une cuillerée de caviar au petit déjeuner, pour les oligoéléments contenus dans les œufs d'esturgeon. Le midi, de la kacha, bouillie de sarrasin grillé cuit à l'eau et base de l'alimentation russe. Et des litres de thé vert. Une entorse à ce menu s'opérait en période de compétition, avec une petite poignée d'abricots secs, de noix et du raisin le matin. « Assez de calories pour dix heures d'entraînement », a toujours prétendu Irina.

Le déménagement de la famille Kabaeva à Moscou s'inscrit dans une période délicate. En 1995, Lioubov et Marat ont décidé de divorcer, de vendre leur appartement de Tachkent et de partager le montant obtenu. La mère d'Alina loue une chambre dans un appartement communautaire de la rue Piatnitskaïa, à proximité de la ceinture de jardins entourant le Kremlin. Pour subsister, elle accepte tout : faire des ménages, cuisiner… Elle n'essaie même plus de soutirer quelques roubles à Marat. Elle tient grâce aux louanges d'Irina Viner : sa fille possède un talent rare. Elle accepte de se sacrifier, mais n'imagine pas une seconde que cette dernière, un jour, métamorphosera radicalement son quotidien. En attendant, Irina Viner propose à Lioubov de devenir l'intendante de l'équipe nationale. Elle apprécie son énergie et sa manière cartésienne d'organiser les choses. Elle a besoin, surtout, de sa présence auprès de sa gymnaste.

Alina Kabaeva est une perle rare. Un joyau à polir. Elle brillera encore plus qu'Amina Zaripova, si difficile à gérer en compétition, ou Yana Batyrchina, trop indépendante pour se soumettre. Avec ces deux-là, Irina Viner se fait dure, cassante, violente même. En 1994, lors des Internationaux de France à Bercy, on l'a vue frapper ses deux gymnastes. Claques, coups de pied. Les observateurs, journalistes, juges, public étaient abasourdis.

Quelques mois plus tard, lors du tournoi international de Thiais, dans le Val-de-Marne, Amina Zaripova commet une erreur qui lui coûte la victoire. Au lieu de rejoindre directement son entraîneure fulminant à quelques mètres, l'athlète prend le temps de faire le tour du praticable, ce carré de 13 mètres de côté. Tête basse, sachant ce qui l'attend. Elle finit par se planter devant Irina Viner et celle-ci la gifle brutalement. Sans s'inquiéter du public qui assiste à toute la scène.

En revanche, jamais Irina n'a levé la main sur Alina Kabaeva. Elle a été tyrannique, comme avec toutes ses gymnastes, d'une rigueur frénétique, convaincue que la moindre faiblesse à l'entraînement se répercuterait en compétition. Mais elle n'a jamais douté de l'implication d'Alina, de son acharnement à répéter ses gammes. Jamais elle ne l'a vue renâcler par paresse, essayer de tromper sa vigilance. Au contraire, la jeune fille a toujours affiché son merveilleux sourire. Et cette gaieté, chaque fois, provoque un coup de foudre dans le cœur d'Irina Viner. L'impitoyable entraîneure avouera plus tard n'avoir jamais eu envie de gronder Alina Kabaeva, de lui hurler dessus comme avec les autres. Elle n'a jamais caché son favoritisme : « Regardez ce visage solaire, tellement rayonnant ! Il dévoile une âme pure, et j'ai toujours été sensible aux âmes... »

Les premiers mois d'Alina sont pourtant difficiles à Novogorsk. Sa famille lui manque. Son père lui rend visite de temps en temps mais sa grand-mère adorée n'a pas les moyens d'effectuer le trajet depuis Tachkent. Il lui arrive parfois de pleurer dans sa chambre et ses nouvelles amies la consolent. Amina Zaripova, la plus aimable avec elle, n'en veut pas à la petite nouvelle d'être devenue la favorite d'Irina Viner. Elle encaisse les brimades, protège les autres. Alina, reconnaissante, la surnomme affectueusement « maman » : Amina lui rappelle sans cesse de ne pas oublier ses affaires et de se coucher tôt.

La jeune gymnaste se plaît malgré tout dans cet environnement si minuté. Chaque matin, à

7 heures, elle quitte le dortoir situé au premier étage de la grosse bâtisse grise, traverse le couloir au bas de l'escalier pour rejoindre la salle d'entraînement. À 7 h 30, à peine réveillée, comme tout le collectif, elle empoigne la barre, supportant une heure et demie de danse classique. Après seulement, les filles ont le droit de gagner le réfectoire pour le petit déjeuner. Une demi-heure de battement avant le début de l'entraînement. Diagonales de sauts, équilibres, pirouettes. Travail avec les engins, répétitions des difficultés et passages en musique. La durée des séances est fonction de la réussite du jour, et l'après-midi peut s'éterniser jusqu'en début de soirée. Entre six et neuf heures à multiplier les efforts sur les trois praticables en enfilade de cette immense salle à peine égayée par les baies vitrées du fond.

Heureusement, il y a ces moments partagés dans les chambres, à l'abri du regard des entraîneurs, ces jeux et ces fous rires de jeunes filles à peine sorties de l'adolescence. Parfois, elles croisent d'autres sportifs, Novogorsk étant un centre de préparation multisports. Des jeunes footballeurs, des nageurs, des patineurs artistiques, des spécialistes de short-track. Ils ont des vies similaires, se comprennent, s'encouragent.

Alina Kabaeva progresse pas à pas. Y compris dans la hiérarchie nationale. En 1994, elle s'envole pour la première fois hors des anciennes frontières soviétiques. Direction le Japon, et l'officieux championnat du monde des clubs. Elle y retournera trois ans plus tard, toujours en catégorie junior, et la victoire de cette inconnue au sourire ingénu ébahit les spécialistes. Irina Viner jubile : « Elle est notre arme secrète pour les Jeux de Sydney. » Pour Viner, c'est certain, Alina offrira à la Russie sa première médaille d'or olympique en GRS en l'an 2000, puisque Yana Batyrchina n'a rapporté que celle d'argent en 1996, à Atlanta.

Entre-temps, la frêle Alina a disputé en 1995 la Coupe d'opale à Calais. Physiquement, on l'a sentie encore fragile dans les appuis. Et techniquement, elle manquait de densité. Mais personne n'a oublié le final de son exercice au ballon, qui deviendra l'une de ses marques de fabrique : allongée sur le ventre, elle se cambre d'un coup, fait rouler le ballon sur ses mollets, attrape ses chevilles et bascule sur le côté, en relevant la tête, complètement tordue. On sait depuis longtemps qu'Irina Viner oriente sa discipline vers une souplesse articulaire extrême. Mais avec Alina, elle emprunte carrément au cirque, invente des éléments à l'amplitude digne d'un contorsionniste. Elle se lance aussi dans une forme de lobbying, profite de chaque compétition pour parler de sa protégée, distribuer sa photo et vanter ses mérites. Selon elle, cette modernité va révolutionner le sport et prendra le visage d'Alina Kabaeva.

En avril 1998, lors du championnat national organisé en Russie, la nouvelle favorite remporte trois des quatre engins. Elle termine seulement sixième du prestigieux tournoi de Corbeil-Essonnes deux semaines plus tard, mais cela n'altère pas les certitudes de son entraîneure. Irina Viner le sait, le sport est imprévisible. Mais, estime-t-elle, l'honnêteté doit être primordiale pour aborder les échéances compétitives avec sérénité et Alina répond à cette nécessité. Prête à épater le monde, elle la choisit pour disputer les championnats d'Europe prévus fin mai à Porto. La jeune fille a alors quinze ans, et un culot monstre. Elle séduit par sa joie de vivre, enchaîne les prestations sans erreur majeure, joue avec sa corde, son cerceau, ses massues et son ruban, les engins au programme de cette saison. Et balaie tous les pronostics en grimpant sur la plus haute marche du podium. Championne d'Europe absolue, à l'issue des quatre rotations. Devant la Biélorusse Evguenia Pavlina et sa compatriote Yana Batyrchina. Peu importe si elle ne récidive pas lors des finales par appareils, ne décrochant aucune médaille. Alina Kabaeva s'est révélée. Voici la nouvelle star. Et sans doute pour plusieurs années.

4

Le sacre d'Alina Kabaeva ne doit rien à la chance de la débutante. Ce n'est pas un concours de circonstances. Même si sa victoire aux championnats d'Europe reste une surprise pour nombre d'observateurs. Peu l'ont compris : elle répond à une vision, une ambition à brève échéance. Pour Irina Viner, l'adolescente au sourire ravageur et à la plastique élastique doit vampiriser sa discipline d'ici aux Jeux olympiques de Sydney en 2000. Et l'entraîneure est prête à tout pour y parvenir. Curieusement, elle ne se tient plus aux côtés de la gymnaste avant son entrée en scène, ne lui glisse plus ses derniers conseils avant de fouler le praticable des compétitions. Elle a chargé l'une de ses assistantes de le faire : Vera Chatalina, une technicienne native elle aussi de Tachkent. Irina a décidé de gravir les échelons dans la hiérarchie de la Fédération internationale de gymnastique (FIG) pour mieux asseoir son autorité, être en mesure d'œuvrer en coulisse pour ses favorites. Élue vice-présidente de la commission technique de la GRS, elle devrait grâce à ce poste pouvoir peser sur les orientations sportives et sur le jugement, voire sur les juges.

Alina Kabaeva n'est pas dans ce secret-là. Elle se contente d'accepter les nouvelles règles. Vera Chatalina à ses côtés ? Très bien. Cette femme au visage de souris en impose moins qu'Irina Viner, mais elle est plus accessible, moins tranchante dans ses commentaires. Et les gymnastes osent davantage s'exprimer face à elle. Elles se sentent écoutées, protégées, encouragées avant d'affronter le regard des juges. Alina est la première à le mesurer, ce nouveau binôme avec la blonde technicienne est une bonne chose. Mais son mentor, redoutant la réaction de l'adolescente après son avènement à Porto, continue à la surveiller. Saura-t-elle assumer son statut naissant ? S'en servir comme d'un moteur ? On a vu tellement de promesses évaporées, de carrières ruinées avant d'avoir réellement commencé. Irina Viner est vite rassurée : la nouvelle reine a digéré son premier titre majeur aussi facilement que le *pastel de nata*, ce petit flan portugais, gobé dans le dos de son entraîneure lors du dîner de clôture.

Alina adore ces soirées. Un espace de liberté où toutes les nations se mélangent. Pour les gymnastes, c'est l'occasion d'enfiler de beaux vêtements, des robes longues, des talons hauts. En général, un long buffet recouvert de victuailles est proposé. Il faut éviter de trop manger, bien sûr : le passage sur la balance reste obligatoire le lendemain matin. Mais on peut se dépenser sur la piste de danse. Jusque tard dans la nuit. Sans craindre les coachs, les juges ou les officiels, qui restent dans leur coin, à refaire le monde de la GRS, revisiter les classements, demander des éclaircissements sur certaines notes. Et ces trucs d'adultes ennuient Alina.

Le lendemain, le réveil est brutal. La jeune fille est désormais l'épicentre d'un projet ambitieux. Et va vite devoir retourner au charbon. Après avoir distribué des photos pour familiariser le milieu à son minois, Irina Viner entend désormais révéler Alina Kabaeva au grand public. En cette année 1998, elle dispose pour ce faire de deux opportunités. D'abord, les Jeux mondiaux de la jeunesse, organisés par la Russie du 11 au 19 juillet[1]. Une idée proposée trois ans plus tôt par une délégation moscovite à Juan Antonio Samaranch, le président du Comité international olympique, dont le siège se trouve à Lausanne. Le but : offrir aux jeunes athlètes du monde entier leurs propres JO. Le succès est au rendez-vous : quatre-vingt mille personnes assistent au spectacle grandiose de la cérémonie d'ouverture dans le stade Loujniki de Moscou en présence de Iouri Loujkov, le maire de la ville, de Juan Antonio Samaranch et du président de la Russie, Boris Eltsine. Près de quatre mille sept cents sportifs,

1. Cette première édition sera aussi la seule.

représentant cent trente pays, sont engagés dans quinze disciplines différentes. Mais c'est l'enceinte du palais des sports du Dynamo qui vibrera le plus, par la grâce d'une Alina Kabaeva de gala. Devant ses parents et sa grand-mère venue spécialement de Tachkent, la jeune fille cumule les médailles d'or. Elle est même gratifiée deux fois de la note maximale de 10 points, à la corde et au cerceau. Alina n'est plus seulement une gymnaste de talent, mais une héroïne pour des milliers de petites filles et leurs parents.

Irina Viner jubile. Et prépare déjà son prochain coup, comme elle a appris à le faire au jeu d'échecs. La flamme olympique scintille toujours à Moscou quand elle s'envole pour New York avec son équipe. Les Goodwill Games, ces « Jeux de la bonne volonté », ont été imaginés en 1986 par le magnat Ted Turner, propriétaire de la chaîne CNN, en réaction aux boycotts successifs des Jeux olympiques : ceux de 1980 à Moscou par les États-Unis, puis ceux de 1984 à Los Angeles par l'Union soviétique. L'entraîneure compte sur la quatrième édition de ces Jeux, intégralement télévisés, pour toucher les Américains en plein cœur.

Le 23 juillet, le Nassau Veterans Memorial Coliseum est le théâtre d'une nouvelle victoire d'Alina Kabaeva au concours général. Le lendemain, la jeune fille prolonge sa domination en remportant trois des quatre médailles d'or en jeu dans les finales par engin. Pour huit malheureux millièmes de point, elle cède la corde à la championne du monde en titre, l'Ukrainienne Elena Vitrichenko. Mais cela ne suffit pas à altérer sa joie. Elle aime de plus en plus se produire devant des spectateurs. Irina Viner aussi se laisse griser : au-delà des résultats, le public a adoré sa gymnaste. Les juges aussi. Quant aux journalistes, ils n'ont pas hésité à dessiner un parallèle avec Olga Korbut. Cette comparaison avec une championne du passé, Irina Viner n'aurait même pas osé l'imaginer. Quatre ans avant l'avènement de la Roumaine Nadia Comaneci, Olga Korbut avait subjugué le monde lors des Jeux olympiques de 1972. Du haut de son 1,50 mètre, elle avait redéfini les contours de la gymnastique par son audace acrobatique et sa personnalité. Cette petite Soviétique surnommée le « Moineau de Minsk » laissait transpirer ses émotions, quand ses rivales semblaient hermétiques au monde extérieur. Privée de la médaille d'or au concours multiple après une chute aux barres asymétriques, elle s'était effondrée en larmes. Un inconnu avait alors bravé la sécurité pour venir la consoler avec un bouquet de fleurs. Deux jours plus tard, la gracile jeune fille maîtrisait parfaitement l'exercice. Debout sur la barre supérieure, elle se jetait dans le vide pour un flip arrière à la cambrure effrayante, puis récupérait la barre avant de s'enrouler autour de la plus basse. À l'annonce des résultats, le public avait longuement protesté en tapant des pieds : les juges lui accordaient seulement la médaille d'argent. Comment pouvaient-ils rester insensibles face à ce visage si lumineux ? Elle rompait avec le classicisme soviétique. Comme Alina Kabaeva aujourd'hui.

Olga Korbut avait permis à la gymnastique, alors simple niche réservée aux esthètes, de devenir populaire et médiatique. En pleine guerre froide, la nouvelle icône avait fait la couverture du magazine *Sports Illustrated* au moment où l'équipe soviétique était invitée à sillonner les États-Unis. Touché par la grâce d'Olga, le président Richard Nixon avait même insisté pour la recevoir à la Maison-Blanche. « Vous êtes une si petite fille », avait déclaré tout sourire l'homme le plus puissant de la planète. « Et vous, un si grand garçon », avait rétorqué l'impétrante, provoquant les rires de l'assemblée. « Je crois qu'on peut me donner un peu de crédit dans le dégel entre nos deux pays. C'est après cette rencontre que Nixon a décidé d'aller à Moscou l'année suivante », déclarera Olga Korbut des décennies plus tard, convaincue que son charisme avait permis de rapprocher les deux blocs ennemis.

Irina Viner le sent : Alina Kabaeva peut, elle aussi, réinventer son sport et inspirer les générations futures. Bien sûr, à quinze ans, elle reste loin de faire montre de la personnalité de ses aînées, de la profondeur des sentiments d'une Vitrichenko par exemple. Mais elle séduit par sa vivacité, sa spontanéité. Rien ne semble difficile avec elle. On en oublie les centaines d'heures d'entraînement nécessaires à de telles performances. Elle donne l'impression de s'amuser quand elle saute à la corde, fait rouler son ballon, dessine dans les airs avec son ruban. Comme dans le manga *Cynthia ou le Rythme de la vie*, dont l'adaptation en dessin animé passe à la télévision et cartonne auprès des petites filles. Elle utilise même son cerceau à la manière du hula-hoop des Américains, qui faisait fureur à la fin des années 1950, tout en complexifiant la traditionnelle rotation autour de la taille avec des éléments corporels d'une souplesse inouïe. Comparer Alina Kabaeva à Olga Korbut relève du génie. Irina Viner le comprend : sa protégée peut explorer d'autres dimensions, sortir du cadre purement sportif. À condition, bien sûr, d'engranger les titres.

La prochaine saison s'annonce capitale. En 1999, il faudra briller aux championnats d'Europe à Budapest, puis aux Mondiaux organisés à Osaka et qualificatifs pour les Jeux olympiques de Sydney. Pour préparer ces échéances, le choix des musiques, l'élaboration des compositions sont essentiels si l'on veut s'approcher de la perfection. L'athlète doit ressentir les vibrations musicales, assumer les difficultés techniques, transmettre des émotions. Mais cela réclame du temps. Voilà pourquoi l'équipe va s'inspirer de chorégraphies plus anciennes. Ainsi, la routine d'Alina à la corde revisite celle de 1996, et celle au cerceau, exécutée sur un air de house du DJ Quicksilver, emprunte largement à la variation de 1997, réalisée sur la chanson *Kamarinskaïa* de Mikhaïl Glinka. Si des nations comme la Bulgarie ou la Biélorussie se creusent les méninges pour ciseler des chorégraphies correspondant aux couleurs musicales, Irina Viner ne s'encombre pas de cette exigence. Elle recherche avant tout l'efficacité, la performance.

Alina Kabaeva adore cette période de l'année. Elle se laisse porter par les idées des autres. Il ne lui viendrait pas à l'esprit de proposer des musiques de son propre chef. Il lui plaît de s'asseoir pour découvrir l'air qui l'accompagnera pendant les longues journées à venir. Pour l'instant, c'est ludique. Comme si elle se précipitait au pied du sapin de Noël, à Tachkent, et déballait ses cadeaux en famille. La première surprise, c'est cette musique aux accents japonais, choisie pour son futur exercice au cerceau. Alina Kabaeva apprécie cette tradition d'honorer le pays accueillant les prochains Mondiaux. Et le *Spirit of Taiko* de Kitaro lui parle. Elle ne le sait pas, ce compositeur New Age avait séduit Jacques Chirac. Le président de la République française avait même désigné le titre *Caravansary* comme musique d'attente du standard téléphonique de l'Élysée. Quand Alina l'apprendra, l'anecdote l'amusera beaucoup.

Pour les autres engins, Irina Viner mise sur la stratégie. Il faut aussi raconter des histoires. Au ballon, ce sera un tango argentin composé par l'Uruguayen Enrique Saborido, il contrastera avec les sonorités douces et romantiques privilégiées par les concurrentes. Il faut se démarquer, Alina est prête à l'assumer malgré la difficulté. Pour le ruban, on l'incite à interpréter une danseuse orientale en piochant dans le répertoire de ses racines, avec les compositions de deux célèbres chanteuses ouzbèkes, Yulduz Usmanova et Shahzoda. Quel bonheur ! Sa grand-mère les adore. Alina se sentira plus proche de sa babouchka. Enfin, à la corde, elle jouera la modernité avec *Release the Dub*, du groupe britannique Leftfield. Une manière d'ancrer la gymnaste dans son temps, de souffler un vent de jeunesse, d'emporter l'adhésion totale.

Il lui faut aussi développer son arsenal technique, inventer des éléments inédits. Alina et ses coéquipières ont désormais le loisir de jouer, de s'essayer à des éléments farfelus et tout droit sortis de leur imagination. Pendant une à deux semaines, elles bénéficient de quelques heures par jour pour improviser. Et personne ne s'insurge contre leurs idées les plus folles. Ainsi naissent les innovations. Dans le cas de la nouvelle championne d'Europe, les combinaisons du corps deviennent encore plus complexes. Sa souplesse hors norme autorise toutes les excentricités. Commc cettc position au début du cerceau, en équilibre sur la jambe droite, la gauche en attitude extrême, talon posé sur l'épaule, pied maintenu sous le menton. Ou cette corbeille d'un style particulier, en équilibre ventre au sol, buste et jambes tendues à la verticale, tout en attrapant ses chevilles d'une main. Sans oublier cette bascule du bassin vers l'arrière, en position à genoux, quand tête et jambes s'enchevêtrent : comment son dos peut-il ainsi se tordre, en appui sur les mains ?

Ces éléments inédits défient la gravité. Alina en est consciente, ils la singularisent, rendent chacune de ses prestations unique. Et provoquent l'admiration des spectateurs, époustouflés. Mais imposent aussi un travail acharné. Une fois ses nouvelles compositions validées, le temps n'est plus au jeu. Il faut répéter. Chaque jour. Se glisser dans sa tenue d'entraînement, ajuster ses genouillères, répondre à l'exigence féroce des entraîneures. Parfois, tout va bien, elle réussit à enchaîner les passages sans erreurs. À d'autres moments, il faut s'éterniser dans la salle. Y compris la nuit, même si les autres ont déjà gagné leur chambre à l'étage. Irina Viner ne lui laisse aucun répit. Les mots sont durs, des larmes perlent à ses yeux. Mais Alina refuse de pleurer. De quitter la séance sous un flot d'insultes. Encore moins quand elle aperçoit le visage inquiet de sa mère derrière la porte entrebâillée. Elle trouve toujours la force d'étirer au maximum son sourire pour la rassurer. La championne doit rester courageuse. Lioubov a tant sacrifié pour sa carrière. À commencer par son mariage. Pour l'adolescente, observer les ravages du divorce est un crève-cœur. Sa mère, pleine d'amertume, emploie les pires qualificatifs pour désigner Marat. Ce fainéant, cet incapable ne les a jamais soutenues depuis leur déménagement à Moscou. Alina le sait : sa mère exagère, mais elle ne veut pas la contredire. Après tout, que devrait-il faire de plus ? Un footballeur à la retraite ne peut prétendre à rien, surtout s'il n'a pas reçu d'éducation. Officiellement, Marat est titulaire d'un diplôme d'enseignement supérieur délivré par l'Institut d'éducation physique. Mais à l'époque soviétique, les sportifs professionnels étaient dispensés de cours. Les professeurs grimpaient dans les Ikarus, ces bus de fabrication hongroise tellement identifiables, et se rendaient à la base d'entraînement des joueurs juste pour déposer les textes des examens. Jamais ils ne croisaient les étudiants.

Comme son père, Alina n'est pas du tout assidue quand il s'agit d'instruction purement scolaire. Elle préfère passer son temps dans la salle de gymnastique, avide de progresser. Même si son sport ne rapporte pas d'argent, du moins pas assez pour espérer en vivre. Mais c'est sa passion et elle y excelle. Si la jeune femme le prouve de nouveau lors dcs grands championnats, elle aura de quoi aider sa famille. Peut-être même apaiser les tensions entre ses parents.

Déterminée comme jamais, Alina Kabaeva compte bien dominer les championnats d'Europe, qui s'ouvrent à Budapest. Elle s'est tellement escrimée à l'entraînement. Comme Irina Viner le lui rabâche régulièrement, la compétition reflète son engagement quotidien. Et de ce côté, la jeune fille est irréprochable.

Qu'elle double la mise en Hongrie n'est donc pas une surprise. « Certains ont pensé que mon titre à Porto était un accident, un coup de chance. Je prouve aujourd'hui que ce n'est pas vrai », commente-t-elle en conférence de presse. Cette petite phrase, elle l'a longtemps ruminée, vexée que sa légitimité puisse avoir été remise en cause. Mais si la Russe a décroché une nouvelle médaille d'or, elle a aussi commis une chute à la corde, et un nœud dans son ruban a altéré le dessin. Ces bêtises ont semblé passer inaperçues au regard des notes. Son tempérament a bouleversé le public, mais également les juges. Peu importe si son exécution manque de pureté. Le jury lui accorde un crédit presque illimité, oubliant son précieux code de pointage, ce règlement qui régit la discipline, et les sanctions censées pénaliser la moindre approximation. La majorité des juges assume d'être bienveillante, même si les rigoristes s'offusquent, égratignant le résultat final.

La jeune fille, orgueilleuse, refuse d'être considérée comme une dilettante dont les médailles auraient été négociées dans les chambres d'hôtel. Elle n'est pas dupe et comprend le pouvoir d'Irina Viner au sein du comité technique de la Fédération internationale. L'entraîneure exerce peut-être des pressions sur le panel des juges. Certains ont des doutes ; Alina Kabaeva le sait mais s'agace quand des observateurs les expriment ouvertement. Elle est prête à redoubler d'efforts pour les effacer. Et se promet de ne plus donner prise aux critiques.

Les championnats du monde ont lieu fin septembre, il lui faut confirmer son hégémonie naissante, prouver que tout repose sur son travail, son talent. Pendant des mois, Alina s'interdit la moindre distraction : aucune sortie entre amis, aucune escapade en boîte de nuit. Elle doit rester concentrée sur l'objectif. Et revenir au Japon est un vrai bonheur. La jeune femme y avait effectué son premier séjour à l'étranger et gardait un vif souvenir de ses impressions. Déambuler dans Tokyo, c'était comme découvrir l'univers de Disney World. Dans ce pays de contrastes, les gens sont polis et respectueux des règles, mais aussi étranges dans leur manière de s'habiller et se coiffer.

À Osaka, elle va ressentir une curieuse émotion en visitant le château entouré de douves et d'un parc magnifique, planté dc pruniers et de cerisiers. Tant pis s'ils sont dépourvus de leurs fleurs délicates en cette saison. Un détail l'a marquée : l'édifice, construit au XVIe siècle, a subi trop de restaurations. On dirait du carton, comme le palais de Cendrillon, à Orlando, aperçu en photo. Mais les gens sont d'une telle gentillesse : Alina Kabaeva puise en eux un supplément d'âme pour aller conquérir son premier titre mondial.

Deux ans plus tôt, elle débarquait dans ce pays en novice, innocente et inexpérimentée ; aujourd'hui, c'est la favorite absolue pour succéder à l'Ukrainienne Elena Vitrichenko, sacrée lors d'une édition à laquelle Alina Kabaeva n'avait même pas été conviée. Mais la jeune fille de seize ans endosse le rôle à la perfection. À l'issue du concours, l'observation des notes suffit à convaincre les plus réfractaires : personne ne l'a inquiétée, sur aucune des quatre rotations. La voilà championne en individuel, parée d'or au ballon et au ruban lors des finales par engin. Et peu importe si elle se contente des médailles d'argent à la corde et au cerceau. La gamine de Tachkent confirme son talent à moins d'un an des Jeux olympiques. Et entend bien tout rafler à Sydney.

Pendant des mois, Alina Kabaeva semble imperméable aux projections. Elle reste concentrée sur son objectif, cherche à améliorer ses chorégraphies, à en élaborer de nouvelles. Si elle garde son ballon-tango, devenu une référence, ou le ruban sur des airs ouzbeks qui ravivent ses souvenirs d'enfance, elle troque la modernité de Leftfield contre une musique traditionnelle russe à la corde. Elle a beau avoir changé de nationalité, elle n'oublie pas d'où elle vient. Elle est tombée amoureuse de Moscou, où elle vit maintenant depuis cinq ans. « Je me sens moins russe que moscovite, précise-t-elle. Mais Tachkent me manque. On me parle de jalousie, l'Ouzbékistan serait paraît-il triste que je représente un autre pays. Mais je suis fière d'être ouzbèke et le monde entier sait où est ma patrie. »

Irina Viner lui propose un nouveau défi : oublier Kitaro pour construire une variation au cerceau sur *Carmen* de Bizet. Un enchaînement de son « Prélude » et du « Toréador », deux passages qui la touchent immédiatement. Cet opéra a été, et reste, le classique le plus utilisé dans les interprétations artistiques, que ce soit en gymnastique, en danse ou en patinage. Un must auquel il convient de se frotter si l'on souhaite briguer un titre olympique. *Carmen* offre en effet une vision infinie de la femme. Plus exactement de la femme fatale. Pourtant, Alina Kabaeva n'en est pas une. Mais Irina Viner succombe à l'idée de l'associer à cette image qui ne lui correspond pas. Si l'exercice au cerceau semble très ambitieux dans sa conception technique, la musique porte son interprète, l'aidant à gagner en intensité dans son expression.

Pour l'inspirer, l'entraîneure invite donc son élève à une représentation donnée au Bolchoï par l'immense Maïa Plissetskaïa.

Parallèlement, Irina Viner va devoir s'accommoder d'une Alina Kabaeva devenue adolescente. Au centre de Novogorsk, elle s'est liée d'amitié avec le footballeur Maksim Bouznikine, de six ans son aîné. Le joueur du Spartak est si mignon : il chante sous la fenêtre de sa dulcinée, imprime même une photo d'Alina sur un tee-shirt qu'il affiche en soulevant son maillot à l'instant de célébrer un but. Ces attentions la font rire, l'éblouissent, mais ne l'aveuglent pas. Cette saison 2000 est bien trop importante.

Les premières sorties de la saison en tournois internationaux ont nécessité des ajustements, juste avant les championnats de Russie. L'étape organisée à Moscou valide toutes les orientations, Alina Kabaeva exécute ses gammes sans aucune fausse note. Les jurys ne décèlent pas même une possibilité de pénalité, lors du concours général comme lors des quatre finales par engin. La jeune femme affiche un total de 80 points. À deux semaines des championnats d'Europe, c'est de très bon augure. Mais les nerfs de ses dauphines, Irina Tchachtchina et Youlia Barsoukova, sont mis à rude épreuve : une seule l'accompagnera aux JO.

Les saisons olympiques sont propices aux appétits voraces, à la volonté affirmée de tout rafler. Et peu importe comment. On le sait : les Jeux ayant lieu seulement tous les quatre ans, ils offrent une visibilité quasi universelle. Y participer relève du rêve ultime pour la plupart des sportifs. Décrocher une médaille, à plus forte raison un titre, c'est atteindre le Graal. Cela ne suffit pas forcément à assurer un avenir financier, mais une reconnaissance planétaire. Et pour obtenir un morceau du gâteau, certains sont prêts à toutes les compromissions. Notamment dans un sport à notes comme la gymnastique, où des juges peuvent se laisser tenter, quitte à décrédibiliser leur discipline. C'est la porte ouverte aux tractations, aux renvois d'ascenseur.

À l'époque où la Bulgarie dominait, de nombreuses techniciennes bulgares vendaient leur savoir-faire à l'étranger. L'entraîneure Emilia Boneva développa ainsi ce sport en Espagne. Elle permit aux Espagnoles de décrocher un premier titre mondial en ensemble en 1991, puis le sacre olympique en 1996, lorsque l'exercice fit son entrée au programme officiel, sans oublier la médaille d'argent de Carolina Pascual aux Jeux de 1992. La fédération bulgare accueillait aussi des stagiaires à Sofia : françaises, japonaises, américaines, etc. En contrepartie, sans que cela soit formel, les juges de ces pays favorisaient les artistes des Balkans. Mais depuis l'éclatement de l'Union soviétique, les manigances sont bien plus visibles.

Trop longtemps déconsidérée, car originaire d'Ouzbékistan, Irina Viner s'est juré il y a longtemps de prendre sa revanche. Et la Russie entend effacer l'affront de l'année précédente : sa petite protégée a été sacrée en individuel, mais son équipe a terminé seulement troisième... Elle sera bien présente lors du scandale qui se trame sur les bords de l'Èbre. Cette plongée dans les ténèbres de l'âme, Francisco de Goya, enfant de Saragosse, aurait pu la peindre. On serait même tenté de comparer ces championnats d'Europe aux peintures noires du maître espagnol. Une vision sombre d'un petit milieu imperméable au mal qu'il distille. Alina Kabaeva voulait éviter les manigances mais va en devenir l'instrument. Le premier jour de compétition, elle perd l'équilibre deux fois et exécute un rattrapé de ballon un peu trop acrobatique. Irina Viner fulmine et s'active derrière la table officielle. Curieusement, les juges en tailleur bleu marine et chemisier blanc attribuent à cette prestation la note parfaite de 10 points !

Kabaeva n'est pas la seule à bénéficier de ce cadeau empoisonné, la Biélorusse Youlia Raskina et la Française Éva Serrano l'attesteront. En revanche, Elena Vitrichenko endosse un rôle sacrificiel d'une grande injustice. Depuis sa sixième place européenne de 1999, elle paie son indépendance en Ukraine. Elle a toujours refusé de se soumettre à l'autorité d'Irina Deriouguina, préférant s'entraîner avec sa mère, Nina. Elena avait déjà obtenu une « simple » médaille de bronze olympique en 1996 : la grande prêtresse de Kiev qui jugeait l'épreuve avait favorisé la victoire de sa compatriote Ekaterina Serebrianskaïa, réputée plus docile.

En Espagne, Irina Deriouguina va plus loin, acceptant de saborder le classement par équipe de l'Ukraine : un prétexte pour évincer celle qui a pourtant ajouté quelques mois plus tôt au Japon deux titres mondiaux à une collection qui en compte neuf depuis 1994. Pour les Jeux de Sydney, l'entraîneure compte sélectionner deux de ses élèves, Anna Bessonova et Tamara Erofeeva. Pour y parvenir, en début de saison, elle a carrément évincé Elena Vitrichenko et sa mère du centre national, les obligeant à écrire au président de la République pour obtenir l'asile à l'Institut national des sports. Un coup de fil à la légendaire Lioudmila Touricheva, présidente de la Fédération ukrainienne de gymnastique, ne suffira pas à les protéger. Meurtrie dès le premier concours des championnats d'Europe achevé avec une indigne dix-neuvième place, Elena Vitrichenko déclare forfait pour la suite de la compétition. « J'ai aussi ma fierté, je n'allais pas continuer à me laisser massacrer », glisse-t-elle à la presse. La malhonnêteté des juges provoque le dégoût du public : les amateurs scandent le nom de l'Ukrainienne après chaquc rotation et leur ferveur soulage l'intéressée. Mais les dérives observées ne peuvent pas être balayées d'un revers de main. Le président de l'Union européenne de gymnastique monte au créneau, furieux. « La gymnastique rythmique n'est pas un sport qui se mesure chronométriquement, mais le comportement de certains juges, même s'ils agissent sous la pression de leur propre fédération, est irresponsable », déclare Klaus Lotz, avant d'annoncer des mesures répressives. Il n'est pas le seul. Au lendemain de ces championnats d'Europe, toutes les notes sont examinées par la Fédération internationale, et les fautifs punis. Une communication suivie d'effet immédiat : six juges, dont l'Ukrainienne Irina Deriouguina, sont suspendues pour un an, donc privées des Jeux olympiques. Vingt-six autres reçoivent un avertissement.

Les conséquences de ce scandale vont entraîner d'autres bouleversements, dans les règlements. Mais pas dans les classements, régentés par Alina Kabaeva. À dix-sept ans, elle détient désormais trois titres européens, et un mondial, dans le concours général multiple, le seul au programme des JO en individuel. À Saragosse, elle s'est aussi parée d'or par équipe, et dans trois des quatre finales par engin, même si elle a partagé la médaille avec Éva Serrano au cerceau et Youlia Raskina au ballon. Mais cette édition reste une blessure pour la Russe. Alina l'a appris en s'engageant dans ce sport : elle devrait affronter les regards. Et, dans l'ensemble, elle aime ça. Même si, enfant, des officiels la jugeaient trop ronde et l'éloignaient des premières places. Ces injustices ont forgé son caractère. Une seule chose compte : elle adore ce sport, il répond à sa passion pour le mouvement, la musique, et autorise cette communion avec le public. Peu importent finalement les arbitrages, il est préférable de s'en accommoder. Elle en parle souvent avec ses amies étrangères. La plupart le promettent : le jour où elles deviendront juges, elles ne tremperont pas dans ces magouilles. Elles en ont trop souffert. Alina Kabaeva, elle, a pris depuis longtemps sa décision : elle ne s'assiéra jamais derrière ces maudites tables, n'enfilera pas le costume de celles qui font et défont les carrières.

5

Sa vie a changé. Prévus fin septembre 2000 en Australie, les Jeux olympiques approchent et depuis 1998 Alina a remporté toutes les victoires majeures. En deux ans, son statut a considérablement évolué, les sollicitations se multiplient, on l'invite à des réceptions avec les plus grands sportifs du pays, on la reconnaît quand elle se promène en ville. C'est assez grisant, elle en convient. Ces changements s'accompagnent aussi d'un confort inattendu. En devenant championne du monde à Osaka, Alina Kabaeva est devenue ambassadrice de la marque Longines, l'un des sponsors de la Fédération internationale de gymnastique. En plus de la luxueuse montre désormais visible à son poignet, l'horloger suisse lui a offert un contrat financier en échange de son image. Alina l'a paraphé avec gourmandise. Désormais, chaque victoire rapporte aussi une prime de résultat. Mais sa mère réussit à se plaindre : Irina Viner en ponctionne une partie.

Pourtant, on ne peut la taxer de pingrerie. Viner a habitué ses élèves aux babioles. « Je suis du signe du Lion, avec un sens de la justice très développé, assure-t-elle. Quand j'ai tort, je n'hésite pas à m'excuser, même auprès d'un enfant. Et quand l'une de mes gymnastes réalise quelque chose de bien, j'essaie toujours de l'encourager. Quand Yana Batyrchina était toute petite, je lui apportais de menus présents tous les jours. Les magasins étaient vides, mais je me débrouillais pour trouver des barrettes, des élastiques à cheveux, des chewing-gums parfois. Mais vous ne pouvez pas surprendre Alina avec ces choses-là. Quand elle a remporté l'or au Japon, je lui ai acheté un appartement à Moscou. » Une manière de prouver que la jeune fille s'inscrit maintenant dans une glorieuse lignée.

Avant elle, abstraction faite des quatre titres obtenus par des Ukrainiennes sous les couleurs de l'URSS, quatre Russes avaient été sacrées championnes du monde. En 1992, Oksana Kostina inaugura le palmarès de la République fédérale récemment indépendante, mais la Moscovite Lioudmila Savinkova avait ouvert le bal dès la première édition mondiale en 1963 avant d'entamer une carrière d'entraîneure à Kiev, où elle vit toujours. La Sibérienne Galina Shougourova partagera cet or mondial avec la Bulgare Maria Guigova en 1973 et un point commun avec Alina Kabaeva : leurs origines tatares.

Mais la destinée la plus folle reste celle de l'élégante Elena Karpoukhina. S'imposer aux

Mondiaux de 1967 était la plus belle des revanches pour celle née seize ans plus tôt dans la sinistre prison de Boutyrka. L'ancienne caserne érigée sur ordre de la Grande Catherine, au nord de Moscou, à l'origine pour une unité de cosaques, avait conservé ses hauts murs de briques rouges. Les cellules étaient ouvertes à tous vents et les températures restaient négatives l'hiver. La mère de Karpoukhina y avait été incarcérée sous Staline à la fin des années 1940, comme tant de prisonniers politiques et d'illustres écrivains tels Alexandre Soljenitsyne, Varlam Chalamov, Ossip Mandelstam ou Evguenia Guinzbourg qui ont croupi dans ces geôles immondes et surpeuplées.

Enfermée à Boutyrka les deux premières années de sa vie, abandonnée par son père, un pilote qui ne l'a jamais reconnue, la petite Elena Karpoukhina va survivre et réussir à oublier cette enfance martyre pour suivre sa vocation de gymnaste surdouée, puis d'artiste accomplie. En 2011, elle offrira ses médailles au musée qui retrace désormais l'histoire de Boutyrka.

Évidemment, la filiation est belle pour Alina Kabaeva. Mais cela justifie-t-il de lui offrir un appartement dans l'une des villes les plus chères du monde ? À l'époque soviétique, les plus grands champions appartenaient à l'élite, celle des apparatchiks, et bénéficiaient d'un logement mis à disposition par le pouvoir. La plupart du temps dans l'une des Sept Sœurs, ces immenses gratte-ciel staliniens de forme pyramidale, où de nombreux services étaient fournis aux habitants : magasins, restaurants, laveries et garderies, dans un pur esprit collectiviste. Mais le communisme ne régit désormais plus la Russie, qui, au contraire, a basculé dans un capitalisme débridé. Irina Viner le sait mieux que quiconque. En 1992, elle a épousé Alicher Ousmanov, aujourd'hui l'un des hommes les plus riches de Russie. D'origine ouzbèke, comme elle, l'oligarque a accepté le rôle de grand argentier de la GRS russe pour les yeux de sa belle : ils ne sont pas améthyste, mais il a toujours trouvé à sa femme une ressemblance avec Liz Taylor.

Depuis qu'il l'a croisée à l'école des sports de Tachkent, Ousmanov vénère Irina, il est prêt à tout pour elle. Lui est né à Tchoust, une petite ville de la vallée de Ferghana, à la frontière avec le Kirghizistan. L'une des plus anciennes cités métallurgiques d'Asie centrale, réputée pour la qualité incomparable de ses couteaux. Mais ce n'est pas l'artisanat qui lui permettra d'asseoir sa fortune. Ni même la petite manufacture de sacs plastique créée à la fin des années 1980. Cette entrée dans le monde des affaires sera pourtant suffisante pour emballer et jeter à la poubelle un passé pour le moins trouble.

Alicher Ousmanov aurait dû être un simple produit de la nomenklatura, cette caste privilégiée du régime soviétique. Son père, Bourkhane, n'était pas juste un fonctionnaire parmi d'autres. Nommé procureur de la république d'Ouzbékistan, il a quitté Tchoust pour Tachkent et ses quatre enfants y ont bénéficié d'un confort certain. Passionné par *Les Trois Mousquetaires*, le jeune Alicher s'oriente vers la pratique de l'escrime pour imiter les héros d'Alexandre Dumas. Il rêve d'en faire son métier, peaufine ses ruses, tout en défense pour mieux contre-attaquer. Une méthode qu'il utilisera plus tard dans d'autres contextes. C'est dans un centre sportif qu'il rencontre pour la première fois Irina Viner. La brune incendiaire s'impatiente pour lui succéder dans la salle. Il est ébloui. Pas elle. Ou pas vraiment. Ce garçon en impose avec son physique massif, si différent de celui des escrimeurs ordinaires. Lors d'une soirée entre athlètes, elle se laisse séduire par un petit numéro merveilleusement exécuté. Dans un éclat de rire, Ousmanov saisit un balai et l'agite comme une épée. Irina affirme dans de nombreuses interviews s'être étonnée que ce jeune homme déjà en surpoids réussisse à enchaîner des mouvements aussi souples. Et admire sa chorégraphie, au point d'en oublier qu'il tient une simple serpillière. Alicher combine l'élégance d'Aramis au physique de Porthos.

Pourtant, leurs chemins vont aussitôt bifurquer. Malgré d'honnêtes résultats en compétitions juniors, l'apprenti sabreur doit se résoudre à envisager une autre carrière, peut-être en politique, pour répondre aux volontés paternelles. Il s'envole en 1976 pour Moscou et le prestigieux MGIMO, l'Institut d'État des relations internationales, d'où sortiront de nombreux diplomates. Un jour, en marchant dans Kalininski Prospekt, une avenue moderne du centre-ville de la capitale, il reconnaît Irina Viner, présente avec ses premières élèves convoquées pour un stage national. Il l'interpelle, engage la discussion et raconte que sa sœur s'est entraînée avec elle. Elle hésite à prolonger la rencontre. À le revoir. Mais l'intelligence et la culture d'Alicher la fascinent. Surtout, un détail la surprend : il ne semble pas gêné par son âge (elle a cinq ans de plus que lui), ni d'apprendre qu'elle a un fils, né en 1973. L'idylle se noue doucement. Ils ne le savent pas encore, mais un énorme scandale va bientôt les séparer.

Son diplôme en poche, Alicher Ousmanov retourne à Tachkent, où il travaille au Comité soviétique pour la paix, une association créée pour prôner la démilitarisation des pays de l'Ouest. Ce nid d'espions lui permet de se lier avec Evgueni Primakov, un agent du KGB qui deviendra Premier ministre en 1998. Mais en août 1980, alors que se profilent les Jeux olympiques à Moscou, Ousmanov ne peut rejoindre la capitale. Il est arrêté, puis jugé pour corruption par un tribunal militaire du Turkestan, en compagnie d'un de ses amis, fils d'un agent du KGB en Ouzbékistan. Condamné à huit ans de réclusion, il en effectuera six, plaidant un sombre règlement de compte visant à épargner les vrais coupables. En 2000, la Cour suprême d'Ouzbékistan finira par annuler purement et simplement le jugement. Motif : les preuves de l'accusation étaient falsifiées, et les poursuites infondées. Une décision grâce à laquelle son casier judiciaire redeviendra vierge[1].

En attendant sa libération en 1986, Irina Viner s'est peu à peu éloignée. On a menacé de lui interdire les voyages à l'étranger. Mais cette séparation est temporaire. Aussitôt sorti de prison, Alicher Ousmanov envoie à Irina un mouchoir. Elle le conservera précieusement : dans la tradition ouzbèke, ce geste équivaut à une demande en mariage[2] ! La perspective ne ravit aucun de leurs parents respectifs. Mais le jeune couple s'en moque. Même si Irina doit renoncer à la fête fastueuse dont elle rêvait. Ils n'inviteront personne à leurs noces, se contentant d'un acte administratif pour amorcer leur nouvelle vie. L'entraîneure s'est déjà installée à Moscou avec ses jeunes prodiges ouzbeks, Amina Zaripova et Yana

1. Interview d'Alicher Ousmanov par l'auteure à Moscou en décembre 2012.

2. Interview d'Irina Viner par l'auteure à Novogorsk en avril 2004.

Batyrchina. En cette année 1992, la nouvelle Russie entend prospérer sur les ruines de l'Union soviétique, et une vague de privatisations crée des opportunités impossibles à soupçonner peu de temps avant. Les futurs oligarques s'emparent des richesses du pays, en profitant de la faiblesse des uns, de la corruption des autres, d'un système communiste désormais obsolète.

Alicher Ousmanov fait partie de ces entrepreneurs malins. Ne se contentant pas de sa petite manufacture de sacs plastique, il organise d'abord des chasses dans les montagnes du Pamir. Et dénonce aux services secrets russes un agent étranger qui l'a approché... Puis s'enrichit grâce à l'acquisition de mines et d'usines métallurgiques. Lui a toujours réfuté le terme d'« oligarque » accolé à son nom, prétendant acheter et développer ses actifs lui-même, aux prix courants et sur un marché concurrentiel. En oubliant toutefois les nombreuses zones d'ombre de cette période de transition...

L'État russe vacille depuis le début de la décennie. Les finances du pays sont réduites à peau de chagrin, les salaires des fonctionnaires ne sont plus versés. Comme souvent au cours de son histoire, la population courbe l'échine, subit sans se rebeller mais observe, goguenarde, le pouvoir en pleine déliquescence, le paradoxe de ces enseignes internationales fleurissant un peu partout. Les magasins regorgent désormais de produits d'importation, restaurants chics et bars branchés ouvrent à tout-va, quand la Moscovite continue de faire la queue chaque matin devant les citernes pour se procurer un peu de lait, et les roulottes de quartier pour acheter du pain noir. Sans parler des coupures de chauffage insupportables en hiver, des canalisations qui explosent faute d'entretien.

Plus que jamais pays de contradictions, la Russie voit violence et pauvreté se déverser dans ses rues, tandis qu'un vent de liberté souffle sur la capitale avec une énergie incroyable. Un monde nouveau s'instaure, quand la loi du plus fort s'impose. Un Far West version sibérienne, où la manne pétrolière remplace l'or. En cette période confuse, la roulette russe prend tout son sens. On assiste même, sur les trottoirs de la Tverskaïa, la longue avenue menant au Kremlin, à des courses-poursuites infernales qui s'achèvent par des tirs de mitraillette. Certains, avides de richesses, se jettent dans l'aventure. Quitte à y perdre la vie. À Moscou, le nombre de meurtres se voit multiplié par huit entre 1987 et la funeste année 1993, où près de trente mille assassinats sont répertoriés dans le pays.

Les frontières de la société soviétique sont redessinées, et le sport n'échappe pas au phénomène. Au contraire. Devenu secondaire pour l'État, il est d'abord exsangue. Athlètes professionnels et entraîneurs émérites s'exilent massivement à l'étranger. La fuite des talents et des cerveaux se justifie aussi par l'abandon du secteur aux mains d'hommes d'affaires troubles. Des études estiment que près de 60 % de l'appareil économique et administratif de la Russie est désormais contrôlé par le crime organisé. Le sport a peut-être intérêt à fréquenter la mafia ? Après tout, cette « loi du plus fort » pourrait être sienne : seuls les meilleurs sont couverts d'or.

Ces liaisons dangereuses se nouent généralement au sein même de l'Institut national des sports moscovite. Les plus costauds, lutteurs et judokas en tête, s'improvisent gardes du corps, et bientôt hommes de main. Des élèves se retrouvent impliqués dans des affaires de racket, de prostitution, de blanchiment d'argent, de trafic de drogue ou de voitures volées. Une bande criminelle fameuse, la « Fraternité de Solntsevo » (quartier au sud-est de Moscou), s'appuie justement sur un réseau de clubs sportifs. Puis l'association du sport et de la mafia va atteindre des sommets avec l'affaire du Fonds national des sports.

Créé en 1992 par Chamil Tarpichtchev, professeur de tennis du premier président de la Russie, Boris Eltsine, ce Fonds est évidemment censé aider les associations sportives. Un an plus tard, Tarpichtchev est nommé ministre des Sports et du Tourisme. Boris Fedorov, un ancien athlète, le remplace à la tête de l'organisation. Curieusement, pour garnir les caisses, celle-ci va bénéficier d'une exemption de droits de douane sur l'importation de spiritueux et de cigarettes ! Une décision autorisée par Boris Eltsine, conscient des besoins urgents du sport russe, menacé de disparition faute de moyens. Le Fonds récolte ainsi l'équivalent d'un milliard et demi d'euros… dont une grande partie disparaît. Une enquête ultérieure démontrera que l'argent a contribué à financer la seconde campagne présidentielle de Boris Eltsine, en 1996. Et ce détournement pourrait expliquer une longue série d'attentats.

En 1995, le responsable des relations économiques du Fonds national des sports, Lev Gavriline, est abattu en pleine rue. En juin de l'année suivante, Fedorov, menacé de mort pour avoir refusé de sponsoriser cette campagne, est gravement blessé dans l'explosion de sa voiture. Son chauffeur n'en réchappe pas. Au final, plus de quatre cents personnalités du sport, liées à la pratique de haut niveau, sont tuées « sur contrat » dans les années 1990, mais aussi un millier de jeunes espoirs. Parmi les dirigeants, le sort réservé à Valentin Sytch est éclairant. Le 22 avril 1997, le président de la Fédération russe de hockey sur glace monte dans sa voiture devant sa maison d'Ivansevo, un village à 45 kilomètres de Moscou. Une rafale de mitraillette cueille le sexagénaire, sa femme, Valentina, est touchée à la jambe, seul leur chauffeur en sort indemne.

Avant de succomber sous les balles anonymes, Sytch était l'un des dirigeants les plus influents du pays, connu pour sa liberté de parole. Né en Ukraine, il a pratiqué le ski avant de se faire remarquer pour ses talents de gestionnaire. En 1980, il est nommé adjoint à l'organisation des Jeux de Moscou, puis responsable de la préparation olympique des équipes russes pour ceux d'hiver à Lillehammer. Et se retrouve naturellement à la tête de la fédération de hockey au printemps 1994. « Son prédécesseur, Vladimir Petrov, était un grand joueur (double champion olympique en 1972 et 1976, nonuple champion du monde), mais un piètre président », reconnaît un témoin de l'époque. Mais l'intransigeance de Valentin Sytch irrite. On lui reproche d'être en conflit avec les stars russes évoluant en NHL, la Ligue nationale de hockey nord-américaine. « Sytch est victime du syndrome Ilytch. Il veut tout régenter », ironisent ainsi les hockeyeurs Larionov, Moguilny, Bure et Fetissov dans une lettre ouverte adressée en 1996 au président Eltsine, annonçant à cette occasion qu'ils déclineront toute future sélection nationale. Cruelle ironie du sort, deux jours avant son assassinat, le dirigeant déclarait à un média français : « En Russie, les riches entreprises se servent du sport, et en particulier du hockey, pour faire des bénéfices ou blanchir de l'argent. On risque facilement de se retrouver aux prises avec la mafia. »

Dès lors, Alicher Ousmanov, le mari d'Irina Viner, évite de frayer avec les milieux criminels. Contrairement à la majorité des nouveaux riches de Russie, lui n'a pas connu la misère, n'a pas vu son enfance sacrifiée. Il ne cesse d'accroître sa fortune mais n'est pas obsédé par l'argent. Conseiller auprès de plusieurs banques, il accède à un poste de dirigeant du fonds d'investissement du géant gazier Gazprom. Cette fonction névralgique le place au cœur des négociations concernant la fusion de grandes entreprises. Proche de la génération d'investisseurs nés au cours de ces années de transition, Ousmanov utilise les amitiés tissées au MGIMO ou à Tachkent. Et pour désamorcer toute critique, se mue vite en philanthrope. Propriétaire de sept chaînes de télévision en Russie, d'un réseau de télécommunications, d'un Airbus privé et de plusieurs yachts, Alicher Ousmanov a les moyens d'être généreux[1]. Il rachète par exemple la collection d'art russe du célèbre violoncelliste Mstislav Rostropovitch, pour la coquette somme de 24 millions d'euros, et en fait don à l'État russe en 2007. En 2020, il acquiert aux enchères le manuscrit original du manifeste des Jeux olympiques rédigé par Pierre de Coubertin en 1892, pour la bagatelle de 8 millions d'euros, un prix record pour un objet lié au

1. Sa fortune était évaluée à 15 milliards de dollars en 2022.

sport, et l'offrira... au Comité international olympique. Le sport reste sa grande passion. Bien avant d'être élu président de la Fédération internationale d'escrime en 2008, il entre dans les instances régionales, nationales, continentales, crée une fondation pour soutenir l'escrime de son enfance, finance l'organisation de compétitions sur le sol russe, offre les primes des vainqueurs. En 2007, il devient actionnaire d'Arsenal, le club de foot londonien, et dix ans plus tard, clin d'œil à l'histoire, propriétaire du Pakhtakor Tachkent, où jouait le père d'Alina Kabaeva.

Parallèlement, l'oligarque n'oublie pas les rêves de grandeur de sa femme, dont le fils se voit offrir un réseau de solariums. Quant aux gymnastes qu'elle entraîne, il règle tous leurs frais. Que ce soit pour leur quotidien au centre de Novogorsk, ou lors des déplacements à l'étranger. Irina Viner possède un crédit illimité, voire indécent : elle glisse ostensiblement des billets de 500 euros à ses gymnastes pour leurs « menues » emplettes lors des tournois internationaux. D'ailleurs, les Russes détonnent par leur train de vie en compétition. Lors de leurs déplacements en France, pour les tournois comptant pour le Grand Prix ou la Coupe du monde en région parisienne, à Corbeil-Essonnes ou à Thiais, elles atterrissent en avion privé au Bourget. Et quand les organisateurs affrètent des véhicules pour les récupérer, cela s'avère inutile : Irina Viner a déjà réquisitionné des limousines. Il faut au moins ça pour charger les grosses valises de luxe qui les encombrent…

Immergée dans ce faste, Alina Kabaeva ne s'étonne finalement pas de recevoir un appartement pour fêter son titre mondial. Après tout, quand Amina Zaripova a épousé Alekseï Kortnev, le chanteur du groupe de rock Neschastny Sloutchaï, elle a reçu en cadeau les clés d'une voiture. Dans un premier temps, Alina laisse sa mère et sa sœur emménager sans elle dans son nouveau logement. Le confort ne doit pas la détourner de ses ambitions sportives. En semaine, elle continue de vivre à l'internat, à se lever aux aurores pour enchaîner les heures d'entraînement. Elle est promise au titre olympique, mais doit se donner les moyens de l'obtenir.

6

La pression monte d'un cran. Elle la ressent, et cela lui mange doucement les entrailles. À dix-sept ans, Alina Kabaeva veut s'en défendre, se répète qu'elle sait gérer la pression, peut assumer son statut. Ne l'a-t-elle pas prouvé lors des derniers championnats d'Europe, à Saragosse ? En deux ans, elle n'a pas perdu une seule compétition majeure. Mais, en Espagne, elle a compris sa responsabilité. Pour la première fois dans sa jeune carrière, elle en a pris conscience : ce sport n'est pas seulement une passion personnelle. Des personnes ont investi sur elle, comptent sur son talent. Elle n'a pas le droit de les décevoir. Et maintenant, les Jeux olympiques se profilent… On a beau marteler « C'est un concours comme un autre », le croire serait une illusion.

Irina Viner essaie par tous les moyens de la rassurer. Et lui rappelle que seul le travail importe. Chaque jour, les entraînements attestent son sérieux. La jeune fille affiche sa volonté de bien faire. Répète inlassablement ses gammes, ses combinaisons complexes. Donne le maximum avec une indéfectible bonne humeur. Bien sûr, il lui arrive de pester quand une difficulté lui échappe. Puis elle se souvient avoir traversé les quatre dernières années – une éternité, à son âge – avec le désir de devenir la première Russe sacrée par les anneaux de l'olympisme. Et quand cela ne suffit pas, son entraîneure intervient. En la cajolant parfois, en la brusquant souvent. En pointant son doigt vers le ciel, fataliste soudain : « Tu veux n'en faire qu'à ta tête ? Très bien. Après tout, les dés sont jetés et le télégramme déjà imprimé là-haut. Peut-être qu'il te désignera, peut-être pas. Nous en découvrirons le contenu seulement à la fin de la compétition. »

Si Irina Viner s'en réfère régulièrement à Dieu, Alina Kabaeva n'a pas été élevée dans la religion. Sa famille paternelle a toujours observé le culte musulman, mais pas son père. Et, du côté maternel, l'orthodoxie s'est longtemps résumée à quelques principes accessoires. De son enfance, elle a gardé un vif souvenir de Noël, de l'arbre décoré dans l'appartement familial avec des cadeaux pour elle et sa sœur à son pied, des guirlandes lumineuses dans les rues, à Tachkent ou ailleurs. En revanche, elle ne se souvient pas d'avoir assisté à la grande messe célébrée chez les orthodoxes au soir du 6 janvier, date correspondant dans le calendrier julien au 25 décembre des catholiques. En ce 30 août 2000, Alina accepte néanmoins de grimper dans l'un des six autocars affrétés par les autorités pour conduire l'équipe olympique à l'église de la Sainte-Trinité. On y donne un service de prières avant le départ des athlètes pour Sydney.

Au fond, Alina Kabaeva doute de l'utilité de cette cérémonie. Mais elle aime bien l'idée de se réfugier au sein d'un collectif. Et l'esthétique tout en simplicité de l'édifice posé sur le mont des Moineaux lui plaît. Surplombant la ville de Moscou, l'église blanche est recouverte de dômes et de toitures vert tendre. Cette couleur n'est-elle pas celle de l'espoir ? Elle a lu le roman *Guerre et Paix*, dans lequel Tolstoï mentionne cette église. Et appris à l'école que le général Mikhaïl Koutouzov, commandant en chef de l'armée russe, est venu prier ici en 1812, jour où il décida sa politique de la terre brûlée pour stopper l'invasion du pays par les troupes napoléoniennes.

Prier dans ce lieu historique lui semble presque irréel. Et se glisser parmi tous ces immenses champions l'apaise : ensemble ils partagent la même ambition, les mêmes angoisses aussi. Elle l'explique aux nombreux journalistes qui se précipitent sur elle, étant l'une des premières à quitter l'église : « Je suis nerveuse, ce seront mes premiers Jeux olympiques, mais cette communion me donne un supplément de force. C'est important, car j'espère être capable, par mes performances en Australie, d'apporter un peu de joie à nos fans. On a tous tellement besoin de réconfort après la tragédie du *Koursk*... » Aussitôt après sa déclaration, un officiel la réprimande : Alina Kabaeva n'a pas revêtu la tenue officielle ! Celle que les Russes porteront lors du défilé de la cérémonie d'ouverture, le 15 septembre. Elle porte du noir à la place de la veste de tailleur, de la jupe rouge et de ce long foulard aux trois couleurs du drapeau russe. La jeune femme répond avec désinvolture avoir compris le message et promet d'aller vite se changer. L'important est ailleurs, dans ces mots prononcés devant les caméras et entendus par tout le pays.

Depuis le 12 août, la Russie est traumatisée : son sous-marin nucléaire, le *Koursk*, a sombré dans l'Arctique. Comme ses compatriotes, Alina Kabaeva reste glacée à l'idée que ce cachalot métallique de 154 mètres de long, porteur d'une trentaine de torpilles et fleuron de la flotte nationale, se soit métamorphosé en tombeau pour cent dix-huit hommes. Elle a lu des articles relatant l'exercice de tirs qui a viré au drame, les deux explosions successives, dont les déflagrations ont été ressenties jusqu'en Alaska. Coulant le mastodonte au moment où il s'engageait dans la mer de Barents, au nord-est de la Norvège. Elle se refuse à imaginer le calvaire des rares survivants finalement asphyxiés. Et se sent solidaire des proches des victimes. Elle n'entend rien à la politique et ne se permet pas de juger. Ce naufrage ternit la popularité du président nouvellement élu, un certain Vladimir Poutine. Quand l'accident a été révélé, cet ancien agent du KGB était en vacances au bord de la mer Noire, il a tardé à s'exprimer, à revenir à Moscou. Le voilà décrédibilisé par certains médias, y compris ceux qui avaient soutenu sa campagne. N'étant pas encore en âge de voter, Alina a suivi sa fulgurante ascension de loin.

Elle a tout de même appris l'essentiel du personnage : elle doit bientôt le croiser, le président ayant prévu de saluer l'équipe olympique après sa bénédiction par le pope de la Sainte-Trinité. Elle a entendu parler de ses débuts en politique : d'abord adjoint au maire de Saint-Pétersbourg, son mentor Anatoli Sobtchak, il est devenu un proche conseiller de Boris Eltsine. Ce dernier l'a nommé en 1998 directeur du FSB, le service fédéral de sécurité successeur du KGB. Puis président du gouvernement l'année suivante, après une valse étourdissante de limogeages, et sur les conseils de l'oligarque Boris Berezovski, qui a deviné un certain potentiel derrière le caractère terne et taciturne du jeune fonctionnaire. Le 31 décembre 1999, quand le premier président de la Fédération de Russie démissionne, Poutine endosse donc le rôle par intérim, avant d'être élu au premier tour, lors des élections anticipées du 26 mars 2000. Plus que ce nouveau pouvoir, Alina a surtout remarqué un détail chez Vladimir Poutine : son amour pour le sport et les sportifs. Car l'homme est maître en arts martiaux, qu'il s'agisse du sambo, une lutte très répandue en Russie, ou de l'académique judo.

Dans l'église, elle l'aperçoit à peine mais ne s'en offusque pas. Elle est encore une simple sportive parmi tant d'autres. Rien à voir avec Irina Privalova ou Svetlana Masterkova, les deux reines de l'athlétisme mondial. Sans parler d'Aleksandr Karelin, cet ours sibérien qui domine outrageusement la lutte gréco-romaine chez les lourds. Le colosse de Novossibirsk l'impressionne par son palmarès : douze titres européens, neuf mondiaux, et par son physique : 130 kilos de muscles sans un poil de graisse. Il n'a jamais connu la défaite depuis ses débuts internationaux en 1988, et a été désigné porte-drapeau des délégations olympiques en 1988 pour l'URSS, en 1992 pour la CEI et en 1996 pour la jeune Russie. Et, chaque fois, a prouvé qu'il méritait cet honneur en revenant avec une médaille d'or. Pourtant, mais on ne le sait pas encore, un autre brandira l'oriflamme russe à la cérémonie d'ouverture à Sydney : Andreï Lavrov, gardien de légende de l'équipe de handball. Karelin, lui, achèvera sa carrière dans les larmes et tout un peuple les versera avec lui : le lutteur sera battu en finale par un universitaire américain aux allures de poupon mal dégrossi.

Aussitôt débarquée en Australie, Alina Kabaeva essaie d'appréhender les lieux, de s'acclimater au décalage horaire et aux variations de température. Pendant trois semaines, elle va partager sa chambre avec Youlia Barsoukova, désignée pour disputer les Jeux à la place d'Irina Tchachtchina. Alina aime bien Youlia et admire sa persévérance. Elles n'ont pas du tout le même caractère, mais possèdent un important point commun : au début de leur carrière, personne ne croyait en elles. Youlia a commencé par le patinage artistique dans son quartier d'Izmaïlovo, à Moscou. En passant un jour devant une salle de GRS, ses grands yeux se sont illuminés. Elle a aussitôt convaincu son père de l'inscrire dans cette école. Mais quand son premier entraîneur présente la petite fille de onze ans à Irina Viner, la grande prêtresse l'écarte. Trop fade. Trop grosse aussi. « Nos gymnastes sont des actrices, chaque compétition est un spectacle, une représentation. L'artiste se doit d'être impeccable, d'avoir une silhouette brillante, un beau visage, de belles dents. Si elle ne peut pas répondre à de tels critères, qu'elle devienne plutôt blanchisseuse ou couturière », se justifie Viner. Mais Youlia Barsoukova a de la volonté à revendre. Dans sa famille, on lui a inculqué cette qualité. Les rêves méritent un investissement total, sinon ce n'est même pas la peine de les caresser. Elle s'impose alors un régime drastique, fond à vue d'œil. À seize ans, elle intègre enfin le centre national de Novogorsk. Pourtant, Irina Viner n'est toujours pas persuadée que l'adolescente aura assez d'étoffe pour séduire le monde. Heureusement, une de ses adjointes, Vera Chatkova, a décelé chez la jeune fille un potentiel pour les interprétations classiques. Et si la gymnaste se languit, hésite parfois à abandonner, elle se montre patiente et obstinée. Jusqu'à apporter, en 1998, une preuve éblouissante de son talent... À l'occasion d'un gala en l'honneur d'un magazine consacré à la danse, la jeune femme propose une variation au ballon et son exécution de *La Mort du cygne* bouleverse les spectateurs. On l'acclame debout. Ce soir-là, Youlia hérite du plus flatteur des surnoms pour une danseuse : « Miss Bolchoï ».

Pourtant, elle n'a pas l'aura d'une Alina Kabaeva et reste dans son ombre. Comme un faire-valoir. Barsoukova le ressent ainsi mais ne s'en offusque pas. Son amie est d'une telle gentillesse. Malgré ses ambitions personnelles, elle reste ouverte aux autres, leur insuffle son énergie, les transporte avec elle dans une atmosphère d'allégresse cultivée avec soin. Quand ses émotions la débordent, Alina s'en ouvre à Youlia, de cinq ans son aînée, et de tempérament plus calme. Elles sont devenues tellement complices ces dernières années, c'est une chance d'être ensemble à Sydney, de loger dans l'une des maisons du village olympique. D'autres sportives sont moins bien loties, à l'image de la Française Éva Serrano, hébergée dans un préfabriqué dépourvu de climatisation. À l'entraînement, celle-ci leur raconte que la température grimpe à 40 °C dans la journée, puis dégringole à 10 °C la nuit. Pire encore :

elle doit partager sa chambre avec son entraîneure. Alina Kabaeva, effarée, n'ose imaginer ce supplice. Bien sûr, elle apprécie sincèrement Irina Viner, nourrit une forme de tendresse pour sa protectrice. Mais ce serait l'horreur de vivre dans la même pièce pendant toute la durée des Jeux.

D'ailleurs, Alina s'évade dès que possible de sa chambre. Pendant ses instants de liberté, elle aime se réfugier dans l'espace de convivialité aménagé à côté de la salle des kinés. Ou déambuler dans les allées du village, pour y croiser les stars des autres disciplines. Mais passe rapidement son chemin devant les restaurants où tant de sportifs s'agglutinent. Pas question d'être tentée. Alors elle enchaîne les séances. Peu importent l'attente et les trajets en navette. Dans ces bus réservés aux athlètes et coachs accrédités, elle trouve toujours un sujet de discussion. En profite pour observer le site. Le parc olympique a complètement transformé la banlieue de Homebush Bay. Avant la désignation de Sydney pour organiser les Jeux, ce secteur de la ville était à l'abandon, après avoir abrité des abattoirs puis des entrepôts de déchets liquides. Les Australiens ont réhabilité la friche industrielle, nettoyé les voies navigables, recréé des habitats naturels pour des espèces menacées d'extinction. Et construit le village olympique et les sites de compétition à l'aide de matériaux respectueux de l'environnement, conscients qu'il s'agirait bientôt d'une priorité. Vingt ans plus tard, deux cents entreprises s'y installeront, et près de quatorze millions de visiteurs y seront accueillis chaque année.

La salle de compétition, en revanche, ne plaît pas à Alina. La gymnastique artistique et le trampoline bénéficient du somptueux SuperDome, où se tiendra aussi la finale de basket opposant les ogres américains aux Français, mais les gymnastes de la rythmique doivent se contenter d'un triste pavillon éphémère, aux gradins amovibles. Pour des Jeux olympiques, se dit-elle, ça manque de majesté. Quant à la salle d'échauffement, elle offre un espace restreint et une faible hauteur sous plafond. Après y avoir accroché son ruban, Éva Serrano sera d'ailleurs obligée de passer devant les juges avec un engin de substitution, juste avant la finale. Sans parler de l'humidité qui alourdit ces six mètres de tissu volage ! Mais, pour ça, Alina a une botte secrète : elle utilise un fer à repasser avant chaque épreuve.

Après des jours d'attente, l'heure sonne enfin. Alina Kabaeva a rendez-vous avec son destin. Elle a pris ses repères, ne sera pas gênée par la lumière ou l'exiguïté des lieux. Elle se focalise sur son objectif, les gestes à exécuter. Tout se déroule comme d'habitude lors des deux jours de qualification. Ces 28 et 29 septembre, aucune des vingt-trois autres gymnastes engagées ne lui oppose de résistance. La Russe domine les quatre variations qu'elle présente. Et même si les écarts sont infimes, si le scandale des championnats d'Europe à Saragosse a réduit les velléités des juges à offrir les 10 points synonymes de perfection, l'ordre des valeurs en présence ne permet aucun doute : Kabaeva est la grande favorite.

Seulement, le sport n'a jamais été une science exacte. Le 27 septembre, l'indéboulonnable Aleksandr Karelin a déjà ébranlé les certitudes russes en étant battu en finale de la lutte gréco-romaine. Et ce 1er octobre, à quelques heures seulement de la cérémonie de clôture des Jeux, Alina Kabaeva va rappeler la dimension aléatoire du terme « favorite ». Après une première rotation à la corde sans surprise, si ce n'est la chute d'engin commise par Youlia Barsoukova (que les juges ont oublié de pénaliser), Alina maîtrise parfaitement sa chorégraphie au cerceau sur les airs de *Carmen*. Il lui reste une ou deux difficultés à passer quand, après un pivot, et sur un mouvement anodin, elle laisse échapper son engin. On le voit rouler derrière elle et sortir du praticable. Les commentateurs s'étranglent, le râle d'incompréhension du public est sans équivoque. Alina Kabaeva se retourne, se précipite, récupère l'objet en un dixième de seconde, poursuit comme si de rien n'était. Ou presque. Au moment où l'ultime note de la musique de Bizet s'envole, les spectateurs l'acclament malgré tout. Alina les remercie en envoyant des baisers, mais c'est un geste machinal, un masque offert au monde. Ce sourire plaqué sur son visage ne trompe personne. La souffrance se lit dans son regard. Elle ne sera pas championne olympique. Pas maintenant, en tout cas. Même si le jury s'autorise un soupçon d'indulgence, bafouant le règlement : l'erreur aurait dû provoquer une déduction de trois à cinq dixièmes de point, et deux autres dixièmes pour la sortie, mais le score final est de 9,641 points. Pourtant, le couperet est fatal. Partie se cacher pour éclater en sanglots, la jeune femme ne l'a pas attendu. Elle s'en veut, et s'en voudra longtemps. Comment a-t-elle pu fauter ainsi ? À l'instant précis où une victoire olympique lui tendait les bras.

Alina Kabaeva n'a pas le temps de ruminer. Au classement provisoire, il reste deux rotations à effectuer. Son retard paraît impossible à combler. Au cerceau, la gymnaste obtient une piteuse neuvième place. Mais elle surmonte sa détresse, choisit de se battre, de grappiller les centièmes, fait preuve d'une volonté remarquable pour assumer ses prestations au ballon et au ruban sans le moindre accroc. Cette force de caractère inspire un respect encore plus profond au public. L'amour est toujours plus vif pour les perdants magnifiques.

À la table officielle, Irina Viner est traversée par d'autres émotions. La consternation, la confusion, l'agacement : il n'est pas question pour elle de laisser échapper *son* titre olympique.

L'impitoyable entraîneure balaie les espoirs biélorusses, français ou ukrainiens d'un regard noir. Si Alina ne gagne pas, ce sera donc sa sœur. Irina s'agite en silence, glisse discrètement le message. À l'issue de cette finale, l'insipide Youlia Barsoukova est sacrée championne olympique. Malgré sa bêtise inaugurale à la corde. Et son âge : ses vingt et un ans et huit mois représentent un record de « vieillesse » pour la discipline. Quant à Kabaeva, elle réussit miraculeusement à accéder au podium, et à accrocher une petite médaille de bronze. Un double scandale. Youlia Raskina méritait l'or, mais a été sacrifiée sur l'autel de la Grande Russie. « La Biélorussie est un petit pays frère et satellite qui ne peut rien sans le bon vouloir de Moscou et doit accepter ses décisions », glissera son entraîneure, Irina Leparskaïa, avec un mélange d'amertume et de lucidité. Les réactions seront similaires chez Elena Vitrichenko (quatrième) et Éva Serrano (cinquième), qui auraient objectivement dû figurer parmi les médaillées, contrairement aux deux Russes.

Les gymnastes n'y sont pour rien, personne ne leur en tiendra rigueur. Irina Viner se moque des états d'âme des uns ou des autres. Elle a réussi. En composant avec les circonstances sans perdre de vue l'essentiel : la victoire. Une double victoire. Au titre de Barsoukova s'ajoute celui de l'ensemble. Et cette réussite participe amplement au sursaut de la Russie. Si en 1992 l'Union soviétique (sous la bannière de la CEI) avait atteint la première place au tableau des médailles lors des Jeux de Barcelone (cent douze récompenses contre cent huit pour les États-Unis), en 1996 la Russie avait été largement devancée par les Américains à Atlanta (cent une médailles contre soixante-trois). Cette fois, à l'orée d'un nouveau millénaire, la puissance sportive des deux géants s'avère plus équilibrée. Au classement global (quatre-vingt-treize pour les États-Unis, quatre-vingt-huit pour la Russie), comme à l'addition des médailles d'or (trente-sept contre trente-deux). Alors, tant pis si sa petite protégée a déçu Irina Viner. Elle retiendra la leçon : cet accident de parcours l'incitera à prolonger le bail quand les quatre autres actrices de ces Jeux mettront très vite un terme à leur carrière. La technicienne en est convaincue, et s'appuie sur le comportement irréprochable d'Alina Kabaeva. Sur le podium, aucun signe de tristesse ou de frustration ne trahit la gymnaste. Elle a retrouvé ce sourire lumineux qui la caractérise et séduit les derniers réfractaires. Un peu plus tôt, elle avait pourtant déversé des torrents de larmes dans les vestiaires. « Je ne pouvais plus me contrôler, je n'arrêtais pas de pleurer, admettra-t-elle. Mais c'était embarrassant, je ne me sentais pas le droit d'être égoïste. Je voulais vraiment être digne de mes amies. Et je n'allais pas les blâmer pour l'erreur que j'avais commise.

Cette gifle, je me l'étais infligée. C'était comme une insulte, mais je me devais d'assumer. » Elle reçoit plusieurs appels. De sa mère, de ses amis. Tous lui serinent la même chose. « Des mots tout simples. Le soleil se lèvera de nouveau demain, et tout recommencera… C'est un peu bête, mais ça m'a soulagée et réchauffé le cœur. Et depuis, chaque fois que je me sens mal, je me souviens de ce moment. Ça me suffit pour oublier mes problèmes. Finalement, c'est vrai. Tout va mieux si tu t'en persuades et acceptes de te projeter au-delà de la grisaille. »

À Sydney, une fois les protocoles terminés, elle aurait pu sombrer dans la déprime. S'enfermer dans sa solitude et ressasser. Mais de retour au village olympique, Youlia Barsoukova l'a consolée. Elles se sont mises à discuter de l'épreuve. L'excitation légitime de l'une, la douloureuse incompréhension de l'autre. Puis elles ont répondu à l'invitation de leurs amies biélorusses. Un résultat ne saurait ternir la relation avec Youlia Raskina et Valeria Vatkina, huitième de la finale. À quoi bon commenter les décisions des juges ? Qu'elles soient favorables ou pas, les gymnastes n'ont pas de prise dessus. Les jeunes femmes décident de s'aventurer en ville. La nuit est douce, propice à une balade improvisée. Et elles n'ont pas encore eu l'opportunité de visiter Sydney. Marcher les libère de leurs émotions. Elles rient beaucoup, contemplent longuement l'Opéra de Bennelong

Point. Un drôle de coquillage qui semble s'avancer sur l'eau. Elles prolongent jusqu'à Darling Harbour, animé d'une agitation inhabituelle : tous les sportifs ont l'air de s'y être donné rendez-vous. Les gymnastes iraient bien en discothèque, mais renoncent à braver les interminables files d'attente. « Les filles m'ont été d'un grand soutien, surtout Valeria dont je suis très proche et qui n'a cessé de me rassurer, confiera Alina Kabaeva. Et j'ai reçu des tas de messages, d'appels sur mon portable. J'ai réalisé combien on s'inquiétait pour moi. » Un baume inattendu qui lui permet d'accepter son sort, de digérer l'affront. Et, bientôt, de se projeter vers l'avenir.

7

Autour d'elle, les gens affichent des mines déconfites, une attitude empruntée. On cherche d'abord à la consoler. C'est absurde, ne devrait-on pas plutôt la féliciter, saluer sa performance d'avoir gagné une médaille de bronze olympique à seulement dix-sept ans ? Mais, dans sa propre tête, elle n'en démord pas : elle a perdu. Sans même avoir été battue par une meilleure gymnaste. Mais par sa seule faute.

Pour tout sportif, gravir un podium aux Jeux constitue la récompense ultime. Parfois même l'aboutissement d'une carrière. Une quête excitante, grisante, après des heures, des mois, des années d'entraînement acharné. Mais Alina Kabaeva ne se range pas dans cette catégorie. Elle est jeune, impétueuse. Surtout pas une athlète comme une autre. Si on lui explique la beauté de ce morceau de métal, Alina l'accepte mal. Pour elle, c'est le symbole d'un échec. Son premier échec. Elle retient seulement les moqueries. Certains la comparent à un fragile animal de compagnie, qui aurait délaissé sa maîtresse au pire moment. La maîtresse a évidemment les traits d'Irina Viner… De toute manière, la jeune femme n'est pas rancunière et saura oublier l'offense.

D'ordinaire, Alina est la joie incarnée. Il lui suffit d'un simple signe positif quand elle ouvre les yeux le matin et sa journée s'illumine. Rien ne peut alors la gâcher. Mais, depuis son retour de Sydney, elle se lève parfois avec l'envie de se recoucher, pour se pelotonner sous sa couette. Elle se l'interdit, s'extrait péniblement de son lit et s'agite mécaniquement. S'habiller, se rendre à la salle, reprendre le fil des entraînements rythmant son quotidien désormais sans couleurs, sans but. Pourtant, la saison n'est pas finie. Lors de ses premières compétitions post-JO, Alina ressemble à un pantin sans envie, sans confiance. Sa mère considère cette phase comme une petite dépression. Une forme d'apathie, plutôt. Quand un journaliste demande à la jeune femme si Sydney a eu des allures de tragédie, elle répond qu'il ne faut pas exagérer. Les Jeux ont plutôt signé la fin de l'enfance, de l'insouciance qui la caractérisait jusque-là.

Pour oublier, Alina connaît le remède. Sortir, se fondre parmi les anonymes. Et danser, jusqu'au bout de la nuit, pour évacuer les frustrations. Elle n'a jamais été une solitaire, elle aime la vie, le mouvement, les rires à partager entre amis. Et les discothèques. Dans leur obscurité, elle ne souffre d'aucun jugement, peut se laisser aller, portée par la musique. N'importe laquelle sauf celles entendues dcs dizaines de fois par jour à l'entraînement. Pourtant, elle adore son travail. Cela ne la gêne pas d'être observée, jugée, sanctionnée. Mais cela doit rester circonscrit à un plateau de compétition. Elle a appris à s'en accommoder dans le sport. Pas dans la vie.

Le dernier jour de l'an 2000 sera synonyme de renaissance. Le soir du réveillon, Alina va balayer ses angoisses. Pour le célébrer, elle a convié des amies au restaurant d'un palace moscovite. Sous l'immense verrière laissant admirer le ciel étoilé, les filles débarquent toutes en robes de soirée. Alina, elle, arbore un sublime tailleur-pantalon couleur pistache, choisi avec sa mère. Le repas n'a pas d'importance, les rires suffisent à les saouler. Alina va prolonger le tourbillon dans une boîte, puis une autre… avant de s'écrouler sur son lit au moment où le soleil de midi inonde la ville.

Après l'oubli, il est temps de se projeter. Nouvel objectif: décrocher une médaille d'or aux Jeux olympiques de 2004. Il reste un peu moins de quatre années à tenir, à espérer. À capitaliser sur l'expérience. Elle pourra compter sur Irina Viner. L'intransigeante technicienne n'a cessé de la soutenir pendant ces mois de turbulences. Et accepte même qu'Alina quitte l'internat pour rejoindre sa mère et sa sœur dans l'appartement de Profsoyouznaïa. Pourtant, il est situé à l'opposé de Novogorsk, dans le sud de la capitale, s'y rendre implique des heures d'embouteillages. Mais Viner doit accorder cette liberté, et quelques autres, pour éviter de voir sa favorite déserter. Elle en reste persuadée, Alina Kabaeva est promise à la lumière. Alors elle l'encourage, lui répète inlassablement de ne pas douter, encore moins de désespérer. Le monde la considère comme une star. Il suffit de lire ces milliers de messages envoyés chaque jour. Le public la chérit, les petites filles rêvent de ses exploits, les adolescentes de son train de vie, les parents de ce mélange de beauté et de détermination. Quant aux plus âgés, l'orgueilleuse enfant les a attendris en assumant ses failles. Chaque génération a une raison de s'identifier, de l'adopter. Toute cette admiration l'aide à se relancer. Alina aurait sans doute remisé ses engins si elle avait été sacrée en Australie. Mais elle se sent responsable. De son équipe, de ses entraîneurs, de sa famille. Tous l'ont accompagnée et soutenue. Se retirer à dix-sept ans, même si elle y a songé, ce serait une telle incongruité ! Elle va donc raviver la flamme de son ambition. Mais avant de reprendre le combat, elle va profiter d'une parenthèse inattendue.

Comme son entraîneure, la jeune femme a toujours rêvé de devenir actrice. Elle l'est d'ailleurs un peu quand elle foule les praticables, interprétant des musiques aux couleurs différentes. Ce n'est pas un hasard si, en Russie, on appelle ces gymnastes rythmiques des « artistes ». La pétillante brune tient justement l'occasion de briller sous un autre genre de projecteurs : le Japonais Hiroyuki Nakano l'invite à jouer un rôle dans son film *Red Shadow*, pathétique remake de la série des années 1960 racontant l'histoire de trois ninjas. Kabaeva y semble irrémédiablement perdue. Sous les yeux d'un puissant seigneur du XVIe siècle, elle réalise un enchaînement de figures tordues au ballon, puis apparaît vêtue d'une combinaison moulante noire, cheveux tressés à la mode japonaise et mime sans conviction une poursuite dans les couloirs d'un palais, avant d'utiliser ses massues pour anéantir un horrible personnage.

L'expérience l'enchante et le film lui apporte une popularité incroyable dans ce Japon qu'elle adore. Mais cette aventure cinématographique reste sans lendemain. Et ce n'est pas grave : Alina Kabaeva excelle dans un autre domaine et entend le démontrer, tout en affirmant une nouvelle maturité. Plus question de jouer les enfants. Elle aura vingt et un ans en 2004 et doit désormais s'exprimer comme une femme. Irina Viner l'a compris et cherche avec son équipe d'autres orientations musicales. Alina Kabaeva doit continuer à incarner la modernité. On choisit alors la chanson *Desert Rose*, de Sting et Cheb Mami, pour le cerceau. Et une musique de Shark, version remixée d'un tango d'Astor Piazzolla, pour la corde. La jeune femme pourrait aussi développer une sensibilité plus langoureuse, s'essayer à une gestuelle déliée. Notamment au ballon, où elle sera accompagnée du *Question of U* de Prince. Du moins en théorie. Car en ce début de nouveau cycle olympique, le code de pointage qui régit la discipline change complètement, au point de tout révolutionner.

Fini la note maximale des 10 points, obtenue pour la première fois par la « petite fée de Montréal », une certaine Nadia Comaneci, lors des Jeux olympiques de 1976. Depuis, que ce soit à la poutre, aux barres asymétriques ou avec les engins de la GRS, les deux gymnastiques avaient progressivement abusé de cette prétendue perfection. Lors des Jeux de Séoul en 1988, les quatre premières gymnastes en rythmique avaient ainsi obtenu un total identique de 40 points en finale. Pour les départager, il avait fallu tenir compte des qualifications, et la Soviétique Marina Lobatch avait été sacrée. Après une telle hérésie, il était temps d'imaginer un nouveau système. Cette année 2001 va l'inaugurer.

Désormais, chaque prestation est jugée par une note de difficulté, déterminée en fonction des éléments réalisés et additionnés, auxquels le règlement a attribué une valeur en points. On y ajoute une autre note, émise par un jury différent, qui s'attache à sanctionner l'exécution. Si la première est ouverte, la seconde préserve le symbole des 10 points. Irina Viner, grâce à son poste à la commission technique de la Fédération internationale, a participé à la manœuvre, consciente du nivellement répété des dernières décennies. Il devenait grotesque de buter sur ces 10 points, de ne réussir à différencier les gymnastes qu'avec des millièmes de point. « Tout le monde présentait la même chose, cette uniformité finissait par décrédibiliser notre discipline », justifie-t-elle. Mais cette volonté affichée d'aller vers davantage de difficultés n'est pas du goût d'Alina Kabaeva : « Ces changements dans les règlements sont terribles ! Des lettres de protestation ont été envoyées à la Fédération internationale pour dénoncer cette orientation. Il faut intégrer à nos chorégraphies dix éléments complexes, éprouvants techniquement, mais aussi physiquement. » Cette codification a des répercussions dès son introduction. Pas seulement dans les résultats : de nombreuses athlètes accumulent les blessures et des carrières s'arrêtent brutalement.

Alina et sa dauphine Irina Tchachtchina comptent bien s'adapter aux nouvelles règles. « Par le talent, peut-être un peu, mais surtout un travail obstiné », promet Kabaeva, dont les prises de risque deviennent insensées et, parfois, trop approximatives. Une autre nouveauté lui plaît bien plus, et cllc scra la première à l'adopter :

désormais, les tuniques peuvent s'accompagner d'une jupette. « Les ballerines portent des tutus, les patineuses des robes et, nous, nous devrions rester avec nos simples justaucorps comme à la plage ? J'ai insisté pour que ces jupettes deviennent réglementaires car elles permettent de cacher un kilo de trop, un excès qui affecterait le résultat. Puisque la morphologie est si essentielle dans notre sport et sa notation, pourquoi n'aurions-nous pas le droit de cacher un peu certains défauts par cet artifice ? Et il offre aussi une plus grande richesse dans la confection de nos tenues. » Vont alors fleurir des tenues extravagantes, flamboyantes, pailletées… et parfois de très mauvais goût. Plus encore que les justaucorps longs académiques autorisés dès 1993, ces jupettes permettent d'associer les costumes de scène aux thèmes et musiques interprétés.

Au moment où se profilent les championnats d'Europe, prévus fin juin à Genève, Alina Kabaeva est dans tous ses états. Comme rarement. La voilà invitée, comme tous les médaillés des Jeux olympiques de Sydney, à une somptueuse réception organisée au Kremlin le 8 juin. On comprend son excitation : elle va être présentée au président russe. Car Vladimir Poutine doit lui remettre la médaille de l'ordre de l'Amitié. Elle est fière, même si ce n'est pas la plus prestigieuse des distinctions. Alina s'apprête sans ostentation : un sobre chemisier fuchsia, une simple chaîne autour du cou, et des lunettes de soleil pour dégager son visage et retenir ses longs cheveux. Ce n'est pas la première fois qu'elle entre dans le palais, mais la jeune femme n'a jamais eu l'occasion de découvrir les salles d'apparat du premier étage.

« Vous avez beaucoup fait pour que la Russie entre dans le XXIe siècle comme l'une des premières puissances sportives mondiales ! Sydney a apporté tellement d'or à la Russie qu'il faudra plus d'une cérémonie pour remettre les récompenses. » C'est avec ces mots que Vladimir Poutine accueille ses hôtes dans la salle Catherine, où se trouvait jadis le trône de l'impératrice, sous un dais rouge. L'immense pièce arrondie, longue de vingt et un mètres, doit son nom à l'ordre de Sainte-Catherine, décerné depuis 1714 à des femmes exceptionnelles. Comme l'ensemble des convives, Alina est émerveillée par les murs au revêtement moiré, les lustres en bronze et les candélabres de cristal. Elle tourne la tête dans tous les sens, repère à l'entrée les pilastres incrustés de malachite. Échange des regards et des rires avec ses amis, applaudit avec ferveur chaque athlète ou officiel appelés à la tribune présidentielle. Notamment les gymnastes. Alexeï Nemov reçoit l'ordre du Mérite de la patrie pour l'or décroché au prestigieux concours général. Quant à Svetlana Khorkina (qui a conservé son titre olympique aux barres asymétriques), Elena Zamolodchikova (sacrée au saut et au sol) et bien sûr Youlia Barsoukova (qui l'a devancée), toutes les trois sont gratifiées de l'ordre d'Honneur.

Quand vient son tour, Alina Kabaeva rayonne. Bizarrement, elle n'est pas intimidée à l'instant de recevoir son bouquet des mains de Vladimir Poutine. Lui l'observe intensément, impressionné par son visage encore juvénile mais si déterminé. Les sportifs qu'il vient de féliciter possèdent tous cette qualité, bien sûr. Mais cette jeune femme de dix-huit ans n'est pas obséquieuse avec lui, ne semble pas impressionnée par sa position, et répond spontanément à ses encouragements avec une hardiesse qui l'amuse. Il le sait : elle a vécu ces Jeux australiens comme un affront. Mais cela l'aidera à évoluer. Cette épreuve va bouleverser son destin, assure Alina. Et elle saura la convertir en « un cadeau tombé du ciel ».

Une semaine plus tard, Kabaeva profite des championnats d'Europe en Suisse pour ajouter trois médailles d'or à sa collection. Imperturbable au cerceau, au ballon et aux massues, elle doit se contenter de l'argent à la corde, devancée par Irina Tchachtchina. Pour la Sibérienne originaire d'Omsk, initiée au sport par son grand-père, il s'agit d'un premier titre international en individuel. Une consécration pour la jeune femme à l'élégance un peu froide, qui a su s'imposer par ses qualités singulières. Son sens de la musicalité, elle le doit à sa mère, professeure de musique dans une école locale. Quant à sa puissance, elle l'a développée en pratiquant longtemps la natation : cela lui permet de s'autoriser des sauts originaux d'une amplitude vertigineuse, complétés par une belle précision dans les appuis.

Alina Kabaeva ne craint pas la concurrence. Mais elle aime bien la douceur de Tchachtchina. Irina n'a pas son exubérance, c'est plutôt la discrétion incarnée. Mais la Sibérienne est une travailleuse acharnée, très liée à Vera Shtelbaums, sa formatrice depuis l'âge de cinq ans. Cette entraîneure n'a rien à voir avec Irina Viner. Elle est exigeante, rigoureuse, mais bienveillante et rieuse. Les deux femmes ne s'apprécient guère. Elles cohabitent dans le gymnase de Novogorsk, mais chacune évite d'empiéter sur le territoire de l'autre. Heureusement, Vera Shtelbaums n'a aucune revanche à prendre, aucune soif de pouvoir : elle laisse ça très volontiers à sa cadette. Quant à Viner, elle tolère cette femme aux allures de babouchka. Tant que les fruits de son travail sont synonymes de médailles internationales…

Les compétitions se succèdent et les deux gymnastes semblent prêtes à se partager les lauriers. Début septembre se tient la cinquième et dernière édition des Goodwill Games. Formatée pour la télévision, l'épreuve est toujours aussi richement dotée. Cette fois-ci, elle ne se déroule pas aux États-Unis, ni même en Russie. Une main ironique a désigné l'Australie, en l'occurrence Brisbane. À la surprise générale, Irina Tchachtchina l'emporte. Une fois de plus, Alina Kabaeva ne réussit pas à dominer son sujet aux antipodes. Elle gagne trois des quatre finales (corde, ballon, massues), mais abandonne le concours général et le cerceau à sa compatriote. Un avertissement à moins d'un mois des Mondiaux à Madrid.

En Espagne, le triomphe est total. Associées aux jeunes Lyasan Outiacheva et Olga Belova, Alina Kabaeva et Irina Tchachtchina cimentent d'abord la victoire par équipe de la Russie, loin devant l'Ukraine et la Biélorussie. En individuel, Kabaeva réussit l'exploit de conserver le titre décroché en 1999, de reconquérir cet or qui lui avait échappé un an plus tôt aux Jeux olympiques, avec une marge considérable de plus de 3 points par rapport à sa compatriote. Mieux, elle remporte aussi trois des quatre finales par engin. Seul le cerceau sacre Irina Tchachtchina, dauphine méritante. Le cerceau, décidément instrument d'infortune pour Kabaeva, réveille le spectre de Sydney. « Ce doit être le destin, souffle Irina Viner. Mais elle reste une vraie combattante, elle a su grandir après l'échec olympique. Alina l'a compris, on peut regarder toute chose sous des angles différents, et ce qu'elle a vécu en Australie lui a finalement ouvert le monde entier et permis d'avoir un œil neuf sur les gens. À Madrid, elle a pu s'assurer qu'ils l'aiment pour son talent, ses victoires, mais aussi la joie qu'elle leur apporte. » Les amateurs éclairés ont perçu cette évidence : à moins de commettre une erreur, Alina Kabaeva ne peut être battue. « Un phénomène naturel unique, rare de talent et de beauté », résume une fois de plus son entraîneure.

Seulement, une information publiée le 13 novembre par le journal *L'Équipe* provoque un trouble soudain. Selon le quotidien sportif, Alina Kabaeva et Irina Tchachtchina auraient subi un contrôle antidopage qui s'est avéré positif lors des Goodwill Games. Informées de ce résultat, elles auraient réclamé l'analyse de l'échantillon B. On les soupçonne d'avoir utilisé du furosémide, un diurétique servant à traiter l'hypertension artérielle mais interdit par les instances dirigeantes du sport : il permet de masquer la prise d'anabolisants, en accélérant la dilution des substances dopantes dans les urines. Si le sportif peut démontrer que la prise de produit n'était pas destinée à améliorer la performance sportive, la sanction, équivalente d'ordinaire à deux ans de suspension, peut se réduire à un simple avertissement.

La révélation de ces deux contrôles positifs provoque une vague d'indignation en Russie. Le quotidien *Sport-Express* du 14 novembre se demande : « *L'Équipe* est-elle toujours si pressée ? Olga Egorova d'abord, ct maintenant Kabaeva et

Tchachtchina. Les Français montreraient-ils un intérêt malsain pour nos athlètes ? » Après tout, l'URSS a longtemps eu la réputation de doper ses athlètes pour embellir sa vitrine sportive. Prenons le cas d'Olga Egorova. Cette athlète tchouvache avait deux fois été médaillée de bronze du 1 500 mètres, aux championnats d'Europe juniors de 1989 et de 1991. Puis s'était attaquée à la distance supérieure, remportant les Goodwill Games sur 5 000 mètres en 1998, avant de finir huitième aux Jeux de Sydney deux ans plus tard. Le 6 juillet 2001, lors du meeting de Paris, elle subissait un contrôle positif à l'érythropoïétine (ou EPO), une hormone de nature glycoprotéique qui entraîne une augmentation du nombre de globules rouges dans le sang et faisait depuis longtemps le bonheur des pelotons cyclistes du Tour de France. Olga Egorova fut suspendue par la Fédération internationale d'athlétisme (IAAF), mais réintégrée pour vice de procédure, le prélèvement urinaire n'ayant pas été accompagné d'un contrôle sanguin. Elle participa donc aux Mondiaux à Edmonton, en août 2001, et remporta aisément le 5 000 mètres. Ce qui lui valut les sifflets du public dans les 400 derniers mètres. L'incident l'empêcha d'accomplir un tour d'honneur… mais pas de recevoir la médaille d'or.

Pour la Russie, ce nouveau scandale n'est qu'une sombre fumisterie pour abîmer l'image de ses champions. Même si, le 15 novembre, le laboratoire indépendant chargé de l'affaire confirme la présence illicite du furosémide dans les analyses des deux gymnastes. Irina Viner est déjà montée au créneau pour les défendre : Kabaeva et Tchachtchina, comme toutes les filles de l'équipe nationale, ont utilisé un complément alimentaire appelé « Vision Hyper », censé contenir un diurétique léger. Un additif testé, affirme-t-elle, pour répondre aux règles. À cause d'une rupture de stock, la kiné de l'équipe s'est approvisionnée en pharmacie et aurait acheté un lot contrefait, contenant du furosémide, cinquante fois moins cher. « Heureusement, nous avons encore les produits contrefaits, et leur analyse a révélé la présence de furosémide. Tous les documents, ainsi que la conclusion du ministère russe de la Santé selon lequel 40 % des médicaments contrefaits sont vendus dans les pharmacies russes, ont été envoyés à la Fédération internationale de gymnastique. Kabaeva et Tchachtchina ont utilisé ce complément dans le cadre du syndrome prémenstruel pour soulager la douleur », justifie Irina Viner.

Drôle d'histoire. La grande prêtresse se perd. Elle évoque en coulisse quelques kilos superflus, mais avoue publiquement donner chaque jour ce genre de remède à ses élèves. Mais aussi une cuillerée de caviar et de la grenade : selon elle, cela permet de lutter contre de nombreuses maladies, dont le cancer. Quand l'affaire éclate, personne n'obtient le moindre commentaire de la part d'Alina Kabaeva. La championne est occupée à tout autre chose. Lors de la semaine de la haute couture, à Moscou, elle défile dans une robe de mariée dessinée par la créatrice Victoria Andreyanova.

8

Dorénavant, rien ne lui sera épargné. Elle a été protégée trop longtemps, notamment par les manigances d'Irina Viner pour parvenir au sommet. Mais il n'est plus vraiment question de sport. La carrière d'Alina Kabaeva dérive en eaux troubles. Même si la jeune femme refuse d'être considérée comme une tricheuse, ce qui arrive la dépasse. Sont-elles victimes d'un complot, comme le suppose Irina Viner ? Cela paraît démentiel. Pourquoi les soupçonner d'avoir intentionnellement violé le règlement ? En quoi ce produit, effectivement ingurgité sans savoir qu'il était interdit, les aurait-il aidées à obtenir de meilleurs résultats ? Après tout, il est question de cela quand on parle de dopage.

Cela dit, pour être tout à fait honnête avec elle-même, Kabaeva n'a jamais posé la moindre question. Depuis son arrivée au centre national de Novogorsk, encore enfant, elle a toujours accepté l'autorité, répondu aux attentes et avalé tout ce qu'on lui présentait. Comme tant d'athlètes en Russie, et dans n'importe quel sport. Comme ailleurs, aussi. Il serait trop simple d'affirmer que seuls les jeunes sportifs russes sont crédules et soumis à leurs entraîneurs. Pourquoi Alina aurait-elle remis en cause les décisions d'Irina Viner, sa seconde mère lorsqu'il s'agissait de sport ? A-t-elle une seule fois agi contre son bien ou sa carrière ?

La jeune femme est perdue. Elle ne comprend pas pourquoi ces traces de furosémide décelées dans son organisme devraient entacher ses performances. Elle veut croire son entraîneure, selon laquelle le dopage est inutile en gymnastique. Pourtant, ce scandale la mine : « Je suis très inquiète pour mes élèves, elles ne méritent pas ce qu'elles subissent aujourd'hui. Seulement, je n'ai pas le pouvoir d'y changer quoi que ce soit, se lamente Irina Viner. Ne reste plus qu'à compter sur Dieu. Et sur Nikolaï Dourmanov, le directeur de l'agence antidopage russe. » Cet expert a été désigné pour défendre les intérêts des deux gymnastes devant la commission de discipline réunie à Genève par la Fédération internationale de gymnastique la première quinzaine de janvier 2002. Même si son nom prête à sourire (*dour* signifie « drogue » et *dourman* est une herbe hallucinogène), l'homme est un scientifique reconnu. Il a même travaillé, à l'époque soviétique, sur des dossiers classés secret-défense, notamment les armes chimiques, se reconvertissant ensuite dans la lutte contre le sida. Cet homme affable, très cultivé, a également supervisé l'affaire Olga Egorova, et trouvé la faille pour aboutir au vice de procédure après le contrôle positif à l'EPO de la coureuse, autorisée grâce à cela à disputer les Mondiaux d'athlétisme au Canada. Dourmanov semble confiant. Cet « accident », comme il l'appelle, a 80 % de chance de se solder par un acquittement pur et simple des protégées d'Irina Viner. Alina Kabaeva se sent innocente et refuse de céder à la panique. Elle suivra tranquillement les délibérations de loin, pendant son séjour à Los Angeles. En ce début d'année, elle a décidé de s'y reposer pour soigner une blessure à l'épaule qui la tourmente depuis quelques mois.

Le retour est brutal. Le 22 février, la Fédération internationale rend son verdict. Rarement confrontée à des cas de dopage, elle ne veut pas transiger. D'où l'exemplarité de la sanction annoncée : Alina Kabaeva et Irina Tchachtchina, dont les prélèvements effectués à Madrid lors des Mondiaux ont de nouveau révélé la présence de furosémide, sont disqualifiées et suspendues un an à compter de leur premier contrôle positif à Brisbane, avec une période probatoire d'une année supplémentaire. En conséquence, elles sont privées de leurs victoires aux Goodwill Games, mais aussi aux Mondiaux, et doivent restituer toutes les médailles décrochées. Le choc est énorme pour les jeunes femmes. Elles étaient deux jours plus tôt en Suisse pour plaider leur bonne foi mais le déplacement n'a servi à rien. Les dirigeants russes n'entendent pas accepter la sentence sans broncher. Trois jours plus tard, ils déposent un recours auprès de la Fédération internationale, mais celle-ci le rejette. Alina Kabaeva et Irina Tchachtchina sont effondrées. La Russie en appelle alors au Tribunal arbitral du sport (TAS), qui choisit de suspendre la suspension.

« Suspendre une suspension », voilà une décision cocasse. Mais qui présente un intérêt majeur pour les jeunes femmes : retrouver leur vie quotidienne, la compétition et les ambitions, comme si de rien n'était. Ces derniers mois, beaucoup avaient prédit la fin de carrière d'Alina Kabaeva. Mais son entraîneure ne l'a pas lâchée, convaincue qu'elle se ressaisirait le moment venu. En attendant, Irina Viner l'a incitée à répondre aux sollicitations, à saisir les opportunités. Alina s'est donc rendue en France, plus précisément en Charente-Maritime, pour y tourner la version russe de l'émission *Fort Boyard*. Elle y a participé joyeusement, gagnant même une grosse somme d'argent avec l'équipe de Dmitri Svatkovski, champion olympique de pentathlon moderne en 2000, déjà médaillé d'argent aux Jeux de 1992. Elle était juste déçue de devoir abandonner les lieux la veille de la grande finale pour rentrer à Moscou… Et repartir aussitôt enregistrer un autre programme télévisé au Kenya. Des parenthèses intéressantes pour son image, mais pas pour son métier de gymnaste. De retour à la salle d'entraînement, il lui faut perdre quelques kilos superflus, peaufiner les nouvelles chorégraphies. Un cerceau inédit, en piochant de nouveaux airs dans *Carmen* de Bizet ; les massues sur la chanson *Hava Naquila*, la version hard-core de Party Animals ; la corde accompagnée d'extraits du groupe électro Safri Duo ; et le ballon sur une mélodie de Craig Armstrong, *Weather Storm*. Exceptionnellement, la composition oblige Kabaeva à ne pas sourire, à plonger dans les affres qu'elle vient de subir, pour mieux exprimer la mélancolie du thème musical.

Lors de son retour à la compétition, à l'occasion du Grand Prix de Berlin en septembre, Alina est largement devancée par sa compatriote Irina Tchachtchina. Viner lui trouve des excuses, rappelant que l'une a pu rester concentrée sur l'entraînement, quand l'autre a virevolté. Elle ne lui reproche même pas son léger surpoids, ses appuis hésitants, ses sauts alourdis, souligne que le talent intrinsèque n'a pas disparu. Car Alina n'est plus une enfant, la chrysalide est prête à assumer une nouvelle maturité et à se métamorphoser en élégant papillon. À condition de multiplier les rencontres, pour retrouver l'excitation si particulière qui l'anime, telle une artiste, devant les juges et le public. Ce dont la gymnaste a été sevrée depuis de nombreux mois. Alors elle enchaîne les compétitions, retrouve sa confiance et domine à nouveau les classements. En Bulgarie, en Israël. « Tout est comme dans un rêve, même si je me demande encore si la série noire est vraiment terminée. Bien sûr, il y a encore du travail, les mois de suspension se font encore sentir, mais je crois retrouver le rythme nécessaire à la performance », déclare-t-elle la veille des championnats d'Europe à Grenade, en Espagne. L'épreuve lui permet d'ajouter un quatrième titre individuel à sa collection. Avec en prime la médaille d'or par équipe, remportée par la Russie avec presque 7 points d'avance sur l'Ukraine.

Les sourires sont de retour. Du moins pour l'instant. Le chapitre des déboires extrasportifs d'Alina, contrairement à ses espérances, n'est pas encore refermé. Trois jours après la clôture des championnats d'Europe, le 13 novembre, une nouvelle audience a lieu à Lausanne, au siège du TAS, pour statuer sur la levée des sanctions qui pèsent encore sur elle et Irina Tchachtchina. Selon leur avocat, Tagir Samokaev, ses arguments ont été convaincants et entendus, ils seront soigneusement examinés avant le verdict. Seulement, les conseils russes ont beau défendre désespérément le cas des deux jeunes femmes, les faits sont tenaces. Et les conclusions aboutissent à un revers définitif : « Les athlètes ont été déclarées coupables, même si le TAS a reconnu des violations flagrantes de la procédure lors du contrôle antidopage. Le tribunal a préféré confirmer la décision de la Fédération internationale de gymnastique de les disqualifier et les priver de toutes les médailles qu'elles avaient ensuite remportées lors des Mondiaux à Madrid en 2001 », rapporte leur avocat lors d'une conférence organisée dans les locaux de l'agence Ria Novosti à Moscou, le 30 janvier 2003. En revanche, il ne sera pas nécessaire de réviser les classements de l'édition continentale de novembre à Grenade, la fameuse suspension de la suspension les protégeant. Mais il faut bien purger un jour sa sanction : les deux gymnastes ne pourront pas participer à l'édition suivante, programmée début avril en Allemagne.

Enfin, l'orage se calme. Et même si une blessure au genou la tourmente un peu, Alina Kabaeva retrouve le sourire, l'envie de se projeter, et l'avenir lui promet de beaux résultats. Elle vise les Mondiaux de Budapest, fin septembre, pour prouver que sa disqualification n'a en rien bouleversé le rapport de force avec ses rivales, toujours en sa faveur. L'étape est importante : elle se déroule à moins d'un an des Jeux d'Athènes. Ces dernières années, en charriant leur lot de contrariétés, lui semblent avoir filé à toute allure. D'une certaine manière, c'est presque une bénédiction. La jeune femme n'a pas l'intention de se nourrir d'amertume. Et n'a aucun désir de revanche. Juste une certitude : elle rangera définitivement chagrins et frustrations dans une boîte hermétique.

L'épisode « dopage » s'achèvera avec une pirouette à la limite du grotesque. Au mois d'août 2003, la Fédération internationale de gymnastique alloue officiellement les médailles des Mondiaux de 2001 à leurs nouvelles récipiendaires. Au concours général, le plus important de tous, c'est l'Ukrainienne Tamara Erofeeva qui est sacrée. Et sa dauphine, la Bulgare Simona Peycheva, récolte au passage trois médailles d'or dans les finales par engin (cerceau, ballon, massues). Une belle nouvelle pour les amoureux de la discipline, tant cette artiste illustre, et à merveille, la créativité de cette école historique développée à Sofia. Seulement, l'ironie a choisi de s'en mêler. Dans un généreux élan, qualifié plus tard par Kabaeva de preuve de « grande noblesse », la Bulgare renonce à ces récompenses pour les rendre à la Russe. Un joli geste, effectivement… s'il n'avait coïncidé avec l'annonce d'une suspension pour dix mois de Peycheva, contrôlée positive à son tour au furosémide.

En dépit de cette triste profusion de cas de dopage, le milieu conserve ses œillères. Personne ne s'interroge vraiment. Les dirigeants se contentent de jeter un voile pudique sur ces affaires. Selon eux, elles restent de banales péripéties. Quand les championnats du monde s'ouvrent à Budapest, une forme d'amnésie semble avoir frappé tout le monde. On oublie les scandales, en s'apprêtant à célébrer la Russie et ses égéries.

Mais désormais, une jeune femme est en mesure de contester leur suprématie : Anna Bessonova. Avec elle, l'Ukraine compte bien retrouver les sommets. Quant à son entraîneure, Irina Deriouguina, elle rêve à titre personnel de clouer le bec à Irina Viner. Ces deux-là se détestent ; personne n'en doute dans la profession. La prêtresse de Kiev est prête à tout pour priver sa rivale de lumière. N'ayant pas les moyens financiers de son oligarque de mari, qui dépense sans compter, l'autre Irina rivalise avec sa seule arme, Anna Bessonova, une gymnaste aux qualités exceptionnelles, à la plastique parfaite, à l'élégance évanescente d'une véritable princesse. On pourrait d'ailleurs comparer ses débuts à ceux d'Alina Kabaeva. Comme l'enfant de Tachkent, sa cadette d'un an a grandi auprès d'un père footballeur et d'une mère sportive. Mais la belle de Kiev ajoute le prestige à cette filiation. Son père, Vladimir Bessonov, a disputé trois Coupes du monde avec l'équipe soviétique dans les années 1980 et remporté la Coupe des coupes en 1986 avec le grand Dynamo Kiev. Quant à sa mère, Viktoria Serykh, elle fut sacrée championne du monde de gymnastique rythmique avec l'ensemble d'URSS en 1979, avant de se tourner vers une carrière d'entraîneure. Elle aurait aimé que sa fille choisisse le ballet classique, mais accepta de l'initier à la GRS à ses débuts à l'âge de cinq ans.

Dans les coulisses, une idée commence à circuler : la profession s'offrirait une nouvelle virginité en couronnant Anna Bessonova. Et, de fait, l'Ukrainienne arrive en tête des qualifications à Budapest avec 79,25 points, soit un point de mieux que sa dauphine provisoire. Mais Kabaeva ne se laisse pas décontenancer : ce résultat intermédiaire n'entrave pas ses chances de reconquérir le titre de championne du monde absolue dont elle a été privée en 2001. Elle sait que les dixièmes de point abandonnés lors de ce concours inaugural sont dus à la tension nerveuse accumulée ces deux dernières années. Elle vient de s'en libérer et l'avenir lui sourit à nouveau.

Car entre-temps, la pression a changé de camp. On évoque parfois dans le sport la « peur de gagner », cette crainte soudaine de l'athlète à l'instant de sortir de sa zone de confort. Une anxiété liée à l'incertitude, un décalage entre le corps et l'esprit. Ce n'est pas rationnel mais factuel. Est-ce ce qui arrive à Anna Bessonova ? Lors de la finale du concours général des Mondiaux à Budapest, elle commet l'irréparable au ballon. Une chute d'engin lourde de conséquences : elle devra patienter. Elle n'était pas encore assez armée pour inquiéter Alina Kabaeva. Même si cette dernière, sur sa formidable interprétation des *Danses polovtsiennes* du *Prince Igor* de Borodine, exécute une réception de ballon pour le moins hasardeuse. Mais cette petite bêtise ne pouvait l'empêcher de décrocher une victoire incontestable. « Je ne suis pas du genre à négliger la concurrence, commente Alina Kabaeva en conférence de presse. Bien au contraire, je suis la première à admirer la progression d'Anna, qui a tellement densifié ses programmes. Soit dit en passant, je suis surprise de certaines interprétations des juges : ils n'ont pas su valoriser la beauté des compositions d'Irina Tchachtchina[1]. Elle n'était pas remise d'une blessure à la cheville mais ses performances ont, à mon avis, surpassé celles d'Anna. Je savais aussi que mon principal adversaire, ce serait moi-même. Mais je voulais tellement prouver que tout ce qui m'est arrivé était une injustice manifeste. Il m'a fallu déployer beaucoup de force mentale et physique pour assumer tout ça. Et cela me donne un sentiment de fierté. »

Croisée un peu plus tard, Irina Viner ne tarit pas d'éloges, confiant être tombée dans les bras de son élève modèle. Alina a traversé la tempête en faisant abstraction de ces « déclarations irresponsables », de ces pronostics l'enterrant avant le début des Mondiaux hongrois, de ce duel construit de toutes pièces et dont Tchachtchina a été arbitrairement exclue, ajoute-t-elle. L'entraîneure d'Alina Kabaeva n'est pas dupe. Les prochains championnats d'Europe sont prévus à Kiev, et

1. Classée troisième, derrière Bessonova.

tout sera fait pour qu'Anna Bessonova s'y impose. À défaut, les résultats devront instiller le doute, à quelques semaines des Jeux olympiques. Irina Viner œuvrera pour empêcher ça. Sans envisager à quel point l'atmosphère y sera oppressante…

L'enjeu olympique aiguise les appétits. Pendant des mois, Irina Viner et Irina Deriouguina développent leurs arguments, jouent les lobbyistes sans aucune vergogne. La Russe rappelle que ses gymnastes ont surmonté des accusations injustes, une disqualification ridicule, essuyé les pires calomnies, et, selon elle, les plus zélées auraient été lancées d'Ukraine. Deriouguina, quant à elle, chante toujours le même refrain, Irina Viner distribuerait à de nombreux juges des cadeaux, des enveloppes garnies de dollars. Et cette dénonciation n'est pas sans fondement.

Viner est une personnalité ambiguë. Scandaleuse par certains aspects, attachante par d'autres. Cette femme se joue des paradoxes comme ses gymnastes des engins, capable de désamorcer les questions agressives en les retournant, d'adopter une posture de victime pour cacher sa grande roublardise. En quinze ans, elle a su profiter de l'éclatement de l'URSS, de son flair d'entraîneure et de la richesse de son mari pour s'emparer du pouvoir et monopoliser les médailles d'or. Une responsable de la GRS française avait osé dire d'Irina Viner : « Elle manipule tout le monde, fait peur aux juges, monte des cabales pour évincer ceux qui la gênent. » Ce à quoi, sans même ciller, la Russe avait rétorqué : « Je ne demande pas qu'on m'aide, juste qu'on ne me dérange pas. Ceux qui essaient, je me bats pour les écarter. » Elle admet dépenser sans aucune limite, mais jure qu'elle utilise son expérience pour aider son sport. « L'inverse n'est pas vrai », précise-t-elle en assurant transmettre sa vision et son exigence à ses gymnastes. « Mais je leur apprends aussi l'humilité si elles rencontrent le succès, et l'orgueil à opposer si on cherche à les humilier. »

Les championnats d'Europe à Kiev approchent. Une semaine avant, deux juges sont menacées de mort au téléphone : la Russe Natalia Kouzmina et l'Israélienne Elya Samofalov. Se présentant comme un admirateur de la gymnastique ukrainienne, leur interlocuteur leur a ordonné de gonfler les notes d'Anna Bessonova et de ses compatriotes, sous peine de prendre une balle dans la tête. Les deux femmes ont rapporté ces menaces à la Fédération internationale, sans pour autant y croire réellement. Mais la nervosité a gagné la délégation russe. Irina Viner réclame des agents de sécurité pour escorter ses gymnastes, apporter leurs repas, les conduire à bord de voitures sécurisées et s'interposer si une personne étrangère s'approche de l'une d'elles. En conférence de presse, Alina Kabaeva préfère miser sur l'humour pour détendre l'atmosphère : « Tout cela me laisse assez perplexe. Mais plus il y a de beaux hommes autour de moi, mieux je me sens… »

En tout état de cause, elle ne semble pas perturbée outre mesure par ces menaces. Ni, le jour venu, par la ferveur du public ukrainien réuni dans le Palais des sports : plus de quatre mille supporteurs, sur six mille spectateurs. Les voûtes tremblent à chaque apparition d'Anna Bessonova ou de sa compatriote Natalia Godunko. Malgré la pression, et même si ses prestations ont parfois manqué de précision, Alina Kabaeva remporte son cinquième titre européen à l'addition des quatre engins au programme. Un exploit majuscule pour la jeune femme. Désormais prête à affronter son destin aux prochains Jeux olympiques.

9

Elle a bien failli rater l'avion. Une étourderie. Un coup de fil qui s'est éternisé. L'envie impérieuse d'entendre *sa* voix une dernière fois avant de s'envoler pour Athènes. Depuis des mois, Alina Kabaeva est amoureuse. Mais plus seulement de son sport. Un homme a fait chavirer son cœur. S'il n'y avait pas eu les Jeux olympiques, les tourtereaux se seraient mariés dès cet été. Mais comme Alina a toujours rêvé de convoler en cette belle saison, il leur faudra attendre encore un an. David l'a compris et accepte de se montrer patient. En attendant, sa belle doit d'abord honorer un autre rendez-vous.

Divorcé et père de famille, David Museliani a trente-cinq ans, les tempes grisonnantes et le regard sombre. À voir son gabarit, on l'imagine lutteur, ou garde du corps. Il est pourtant chef adjoint de département au ministère des Affaires intérieures (MVD). Le journaliste de sport Konstantin Klechtchev raconte : « Ce personnage un peu marginal frayait aussi avec une organisation criminelle. Un bandit en tenue de capitaine de la police moscovite, en somme. Chez nous, ce mélange des genres n'offusque personne. Ses amis de la mafia ont placé David à ce poste pour mieux contrôler l'arrondissement de Krasnopresnenski. »

Ce qui expliquerait peut-être son train de vie : le jeune homme roule en coupé sport Mercedes azur. Et en offre un couleur argent à Kabaeva.

Passionnément éprise, la gymnaste n'hésite pas à s'afficher au bras de son fiancé. Et le rejoint régulièrement dans l'appartement qu'il occupe près de la gare de Biélorussie, au nord de la capitale. On les croise parfois dans ce quartier, au restaurant Kabanchik, décoré de bois, juste à côté du marché couvert de Tichinski. Sa cuisine géorgienne permet à Museliani de renouer avec ses racines. Alina le suit aveuglément. Là comme ailleurs. Un ami de son père rapporte à ce dernier leurs virées : les bolides du couple roulent à une vitesse folle, souvent à contresens, au risque de se tuer ! Marat s'en inquiète mais la jeune femme se moque des récriminations.

Curieusement, depuis plusieurs mois, Irina Viner ferme les yeux sur les caprices de sa protégée. Même si les appels incessants des tourtereaux entre deux entraînements l'agacent prodigieusement. Elle ne veut plus épier les faits et gestes de Kabaeva. Elle l'a fait par le passé, Alina peut en témoigner. Des années plus tôt, ne voulant pas la laisser seule à l'internat, Amina Zaripova l'avait invitée à déjeuner avec elle et son amoureux dans le restaurant d'un bateau amarré sur les quais de la Moskova. Une fois attablée, Alina avait jeté un œil par la fenêtre et, affolée, avait alerté son amie : dehors, Irina Viner les observait, en menaçant du poing. Pauvre Amina, copieusement insultée pour avoir osé l'entraîner à rencontrer un homme…

Marat Kabaev sent les dangers de cette passion mais n'intervient pas. Il vit toujours seul à Tachkent, à plus de 3 000 kilomètres. En revanche, Lioubov applaudit : elle aussi est amoureuse. D'un certain Kostya, un ancien lutteur ossète. Il retourne régulièrement dans cette république du Caucase, où l'attendent sa femme et ses trois enfants. Lioubov s'en accommode. Elle croit avoir enfin trouvé le bonheur. Au point d'en oublier la rancœur contre son ex-mari. Les Jeux d'Athènes seront peut-être l'occasion d'apaiser les tensions : Alina y a invité ses parents. Sa mère s'y rend avec Kostya et le présente même à son ex-mari. David Museliani doit lui aussi les rejoindre. Un curieux aréopage, hébergé dans un hôtel flottant amarré dans le port du Pirée.

Mais Kabaeva n'a pas le temps de profiter de cette villégiature. Elle doit rester concentrée sur l'objectif, fixé depuis si longtemps. Ces quatre années d'attente lui ont permis de mûrir. L'ont transformée pour lui permettre d'être enfin sacrée championne olympique. Gamine, elle rêvait davantage des championnats du monde. Pour elle, c'était la compétition de référence, plus importante encore que les Jeux, peut-être à cause de cette dénomination de l'épreuve. Mais aujourd'hui, Athènes sera le théâtre idéal pour décrocher la seule médaille manquant à son palmarès.

En septembre 1997, quand le Comité international olympique avait confié l'organisation de ces Jeux à la Grèce, Alina n'était pas en âge d'en comprendre les raisons : il s'agissait de réparer l'injuste et mercantile désignation d'Atlanta sept ans plus tôt pour accueillir les Jeux du centenaire. Aujourd'hui, elle mesure mieux la chance de pouvoir s'exprimer dans le berceau de l'olympisme, essayer d'y exorciser sa défaite à Sydney, et clouer le bec à tous ceux qui semblent avoir oublié les victoires engrangées ces dernières années. Les Jeux approchant, on lui rappelle sans cesse l'image de ce cerceau échappé de ses mains, sur un mouvement pourtant répété machinalement depuis son enfance. De bonne grâce, elle accepte pourtant de s'en souvenir : « J'ai couru après lui et je me demandais s'il ne s'agissait pas d'un rêve. Mais, non, ce n'en était pas un. Plutôt un cauchemar, avec lequel j'ai dû apprendre à vivre. Une leçon qui m'a permis de devenir plus forte, et plus sage. »

Quand on demande à son entourage de définir Alina Kabaeva, le mot le plus fréquemment utilisé est « solaire ». Un sourire lumineux, des yeux qui pétillent. Une gentillesse à toute épreuve aussi. Comme l'atteste sa visite à un ami journaliste hospitalisé en 2001 : poignardé en pleine rue, il venait de frôler la mort. Alina lui avait apporté des fraises pour le réconforter. Ou ces attentions quotidiennes vis-à-vis de ses jeunes coéquipières. Face à la dureté des entraînements, certaines finissent en larmes, éreintées physiquement, épuisées moralement par les violentes invectives d'Irina Viner. Alors Alina les console, jouant aussi les avocates pour leur rappeler les exigences du sport de haut niveau, la discipline à respecter, car au fond l'entraîneure leur veut du bien. Elle-même en est convaincue depuis des années. Même s'il lui arrive encore de pester. Elle s'en souvient, plus jeune, elle ne supportait pas qu'Irina Viner lui crie dessus. Elle était alors capable de se rebeller, de s'asseoir sur le praticable sans bouger pendant de longues minutes, reprochant à la technicienne d'avoir ruiné sa belle humeur.

Un incident similaire se produit à Athènes. Nerveuse, Viner hausse le ton à quelques heures du début des Jeux. La volte-face d'Alina et son regard noir sont sans équivoque. Pareils à une gifle. Viner étreint alors sa protégée, comme pour s'excuser. Kabaeva révélera plus tard les mots glissés à son oreille : « Je t'aime tellement ! S'il te plaît, fais tout ce que tu pourras pour moi. » Sa requête ne pouvait que renforcer la motivation de la gymnastc.

Comme à Sydney, les épreuves de gymnastique rythmique sont prévues les trois derniers jours des Jeux. Avec les qualifications aux deux premiers engins le 27 août, aux deux autres le lendemain, et la finale réunissant les dix meilleures individuelles le 29 août, juste avant la cérémonie de clôture. Alina le sait, elle devra exceller pour s'imposer face à l'Ukrainienne Anna Bessonova, opposée à elle depuis des mois. Face à deux jeunes au talent monstre aussi, la Kazakhe Aliya Yussupova, qui s'entraîne avec elle à Moscou, et la Biélorusse Inna Joukova. Et plus encore face à Irina Tchachtchina. Toutes les deux ont beau avoir des styles très différents, elles sont devenues siamoises par la force des choses. Au-delà de leur amitié, elles doivent désormais tirer profit de leur concurrence. Une saine rivalité, une émulation de tous les instants. Notamment pour Kabaeva : « Je suis de nature très téméraire, j'ai besoin d'un aiguillon fort pour réussir à performer à la limite de mes capacités, explique-t-elle avant les Jeux. Lors d'un tournoi, Irina s'est blessée à la jambe et a dû déclarer forfait. Il m'a fallu un effort titanesque pour rester concentrée et proposer un travail décent. Et encore, ce genre de victoire me laisse un goût amer, son absence me facilite trop la tâche. » Mais cette fois son amie n'a pas l'intention de l'aider. Bien au contraire. Elle compte saisir sa chance crânement, ne plus être une simple doublure. Au cours des entraînements précédant le début de la compétition, la tension est palpable. Alina apprécie toutefois un détail : située en périphérie de l'Attique, au nord-est d'Athènes, la salle Galatsi est bien plus belle et aérée que le bunker sans âme de Sydney. Même si elle n'a pas été construite dans le parc olympique de Maroussi, où se déroule la majorité des autres épreuves. Et six mille spectateurs sont venus soutenir les gymnastes.

Kabaeva ne veut décevoir personne. Elle s'applique plus que jamais lors des dernières répétitions. La jeune femme veut son moment de gloire. Depuis son arrivée à Athènes, elle suit à distance les exploits réalisés dans les autres disciplines, compatit aux désillusions qui rythment également la quinzaine olympique. Avant sa propre entrée en lice, la Russie a déjà remporté vingt-sept médailles d'or. La gymnaste est ravie pour la perchiste Elena Isinbaeva, mais son amie Svetlana Khorkina a échoué dans sa quête d'un troisième titre d'affilée, à cause d'une chute aux barres asymétriques, laissant le sacre à la Française Émilie Le Pennec. D'ailleurs, aucun de ses compatriotes n'a remporté de médaille d'or en gymnastique. Et que penser des quatrièmes et ultimes Jeux d'Alexandre Popov ? Alina a évidemment suivi le parcours du porte-drapeau de la délégation russe, célèbre pour ses doublés historiques sur 50 et 100 mètres nage libre, en 1992 et 1996. Mais, à trente-trois ans, le nageur de

Sverdlovsk va quitter les bassins grecs sans la moindre médaille. En revanche, la planète est fascinée par un Américain de dix-neuf ans, reconnaissable à son buste et ses bras démesurés. Michael Phelps écrit déjà sa légende en décrochant huit médailles sur une même olympiade, un record établi avant lui par un seul gymnaste : le Soviétique Aleksandr Dityatin, en 1980. La moisson de Phelps le classe aux côtés de son compatriote Mark Spitz, qui avait raflé sept médailles en 1972, toutes en or.

Kabaeva n'est pas si vorace. Elle espère juste être couronnée du *kotinos*, ce rameau d'olivier qui récompensait les vainqueurs des Jeux antiques, offerts à tous les médaillés lors de ces Jeux d'Athènes. Mais les qualifications sonnent comme un rappel à l'ordre. Certes, Alina les termine à la première place, mais elle a une fois de plus commis une erreur au cerceau. Maudit engin, pourtant travaillé plus que les autres. Elle évolue encore une fois sur *Carmen* de Bizet. Cette musique la transporte, elle ne s'en lassera jamais. En finale, elle empoigne le cerceau dès la première rotation. Et le maîtrise. Irina Tchachtchina prend pourtant la tête de la compétition. Éblouissante et puissante sur le thème de *Pirate des Caraïbes*, elle affiche alors une avance de trois dixièmes de point. Mais la rotation suivante, si elle ne modifie pas le classement provisoire, resserre les écarts. Avec le rythme cadencé de son sirtaki au ballon, Kabaeva enflamme la salle. La jeune femme doit encore tout donner, car rien n'est acquis. Aux massues, elle enchaîne efficacement les difficultés sur les airs arabisants de *Turkish Delight* de Harem remixé par le duo Karkov et Moskovich. Cette fois, c'est assez pour passer devant sa compatriote. Et le ruban sera son juge de paix. Un engin singulier, et traître avec ses 6 mètres de long, dont le mouvement ne doit jamais cesser. Quand elle s'avance vers le praticable, le public scande bruyamment son prénom. Kabaeva le sait, son destin se jouera à l'issue de sa variation sur *Sphynx*, du groupe electro dance Giampiero Ponte. Pour l'occasion, elle a revêtu un académique justaucorps noir, sans sacrifier à la jupette dont elle a lancé la mode, le tout rehaussé de paillettes rouges, vertes, bleues.

Son ruban vert pomme claque pour attirer l'attention. Elle souffle une dernière fois, enroule le tissu d'un coup de spirale efficace, s'agenouille, pose la baguette à la verticale dans le cercle dessiné au sol, et la maintient avec le pied. Dès les premières notes, c'est un tourbillon. Le début semble laborieux, à cause de la tension, mais elle se libère enfin et délivre une prestation sans faille, étourdissante. Quand les dernières notes s'envolent, la championne affiche un sourire incandescent. Car elle sait. Alina salue la foule, offre une pirouette avec ses épaules et rcjoint le « kiss and cry », cette alcôve empruntée au patinage artistique, où les athlètes rejoignent leur entraîneur en attendant le verdict des juges. Ce jour-là, Irina Viner ne s'assied pas à ses côtés, retenue à la table officielle par son rôle de vice-présidente de la commission technique, mais une de ses assistantes la remplace. Peu importe, Alina Kabaeva cristallise les regards. Et quand sa note tombe, une décharge la transperce. Elle lève les bras et baisse la tête, s'accordant pendant quelques millièmes de seconde le plaisir égoïste du devoir accompli. Elle a enfin concrétisé son rêve et entend savourer cet instant. Sa sérénité la surprend.

Cette impression, elle ne la revivra peut-être jamais, même si elle n'envisage pas de se retirer. Paradoxalement, elle l'aurait sans doute fait si elle avait gagné en 2000, mais ces quatre dernières années ont été révélatrices. Malgré les hauts, et surtout les bas, elle aime profondément son sport, s'entraîner, s'astreindre à ce régime pour beaucoup insupportable, mais tellement gratifiant lorsqu'elle peut partager sa joie, communier avec le public. Saura-t-elle raviver la flamme ? Il est trop tôt pour le dire. Pas question de replonger pour l'instant. Alina n'en aurait pas la force, et surtout pas l'envie. L'heure est à la célébration. Avec son équipe, ses amis, ses proches. Et même ces anonymes qu'elle croise dans la rue et qui la félicitent. Elle veut profiter d'eux, du monde, de la lumière aveuglante. Puis penser à la suite, à

David bien sûr, à la perspective d'un bonheur à deux.

Les semaines suivantes, féeriques, ressemblent à une valse. La championne olympique est conviée à des réceptions, des émissions de télévision, multiplie les séances photographiques et les couvertures de magazine. Elle est devenue une icône glamour, dont la Russie s'amourache définitivement. Sa vie serait merveilleuse sans les paparazzis. Ils la traquent partout. Elle adore être sous les projecteurs, mais déplore ces intrusions malsaines dans sa vie privée. Et tout cela déplaît fortement à David Museliani. Des tensions éclatent, des reproches fusent. Leur relation se délite. La situation désespère Alina. Il n'y aura pas de mariage, elle va devoir encaisser une rupture qui lui brisera le cœur.

Heureusement, son titre olympique lui offre une nouvelle aisance financière. Grâce à la prime allouée par le gouvernement à tous les médaillés d'Athènes, à ce studio cossu offert par la MGFSO, une société de la culture physique et des sports de la ville de Moscou dont elle est membre. Ce deuxième appartement se trouve dans un complexe résidentiel du sud-ouest de la capitale, qui avait servi de village olympique pour les Jeux de 1980. Elle bénéficie aussi, plus que jamais, de la générosité d'Alicher Ousmanov, dont la fortune atteint des sommets.

Directeur général depuis 2000 de Gazprom Invest, la holding chargée des investissements pour le géant Gazprom, le mari d'Irina Viner s'apprête à diversifier ses actifs en acquérant, à titre personnel, un influent quotidien économique russe, *Kommersant*, puis sept chaînes de télévision nationales et trente-trois stations régionales. Il investira bientôt dans la téléphonie, Internet, une compagnie minière proche du lac Baïkal et le club de football londonien d'Arsenal.

Faire plaisir à Alina, aider sa famille au passage, ne pèse pas grand-chose dans le portefeuille de l'oligarque. D'autant que, de toutes les gymnastes d'Irina Viner, elle est sans conteste leur préférée. La fille que le couple n'a pas eue. C'est donc un parrain bienveillant. Mais pas un pigeon pour autant. À l'occasion de son anniversaire, Alina Kabaeva a réuni près de cent cinquante personnes au restaurant Le Fiore, établissement prestigieux de l'avenue Novy Arbat. Elle est déjà installée à la table principale, aux côtés de sa mère et d'Irina Viner, quand quelqu'un annonce d'une voix tonitruante : « Papa arrive. » Il s'agit d'Ousmanov. La Russie se nourrit de ces parrainages singuliers. Des figures tutélaires qui influent sur la vie des autres grâce à leur charisme, leurs relations… ou leur compte en banque. Les joueurs de l'équipe soviétique de basket appelaient ainsi leur illustre entraîneur Aleksandr Gomelski : Papa. Avec un P majuscule pour bien souligner leur déférence. Mais, soudain, au moment où l'oligarque entre dans le salon du restaurant huppé, Lioubov se lève, présente un basketteur qui a grandi avec elle à Tachkent, et lui attribue aussi ce titre de « Papa » d'Alina. Furieux, Ousmanov se tourne vers sa femme : « Alina ne peut avoir autant de parrains. Elle a son père, elle m'a, moi. Et en voici un autre. Il faut arrêter ces bêtises ou j'abandonne ce rôle. » Face à la gravité de la situation, Irina Viner interpelle Lioubov en privé : « Où l'avez-vous déniché, celui-là ? » Mortifiée, la mère d'Alina se confond en excuses. Sa maladresse pourrait les priver, elle et ses filles, de l'argent d'Ousmanov. Payer, donner, il le fait volontiers. Mais il attend en retour d'être traité avec respect. Alina et sa famille ne doivent pas oublier qu'ils lui doivent tout.

Depuis le retour d'Athènes, Lioubov apprécie de ne plus tirer le diable par la queue. Elle a remboursé ses dettes, troqué sa vieille Chrysler contre une Mercedes. A même acheté une maison à Kislovodsk, une station thermale proche de Stavropol, dans le nord du Caucase, pour se rapprocher de son Ossète. Mais l'ancien lutteur, pourtant en bonne santé, est mort d'une crise cardiaque en nageant dans sa piscine. Effondrée, Lioubov a revendu la maison. Et recommencé à en vouloir à son ex-mari. Car Marat est revenu à Moscou avec l'envie de s'y établir, après avoir été assistant coach à Tachkent durant la saison

2004-2005. Dans un premier temps, le père d'Alina s'installe à la mission permanente d'Ouzbékistan. Pour se changer les idées, il va jouer au football à Lujki, un village où vivent de nombreux oligarques. Il y croise Mikhaïl Prokhorov, autre grosse fortune du pays, et se lie d'amitié avec lui.

Né en 1965 à Moscou, d'un père issu d'une lignée de riches paysans sibériens, l'économiste de formation a rapidement quitté le secteur public pour entrer au conseil d'administration de la banque privée Onexim. Et, surtout, s'est associé à l'homme d'affaires Vladimir Potanine pour faire l'acquisition de Norilsk Nickel, géant russe des métaux non ferreux. Ces deux-là, comme Ousmanov et tant d'autres futurs milliardaires, ont su profiter de la privatisation d'entreprises et conglomérats russes après la chute de l'Union soviétique. Ils se brouilleront quand Prokhorov sera impliqué dans une enquête sur un réseau présumé de prostitution. Arrêté en janvier 2007 sur les pistes de ski de Courchevel, celui-ci est finalement blanchi par la justice en 2009. Dans l'univers de l'oligarchie, on ne peut éviter de s'approcher dangereusement du crime organisé.

De son côté, Lioubov s'étrangle. Un ami de la famille l'entend s'exclamer : « Diable de Tatar ! Je n'ai pas besoin de lui ici. C'est un profiteur. Qu'il ne s'approche pas d'Alina… » Elle aurait exigé que Marat retourne à Tachkent, et influencé ses filles pour les éloigner de leur père. Son ancien mari retournera en Ouzbékistan pour entraîner la réserve d'Olmaliq en 2008. Un an après que sa chère Alina aura mis un terme à sa carrière. Pour la seconde fois.

En octobre 2004, déjà, la championne olympique confiait, hésitante, ne plus savoir si elle avait envie de continuer la GRS. En septembre 2005, en pleine dépression depuis la fin de son histoire d'amour avec David Museliani, Irina Viner la convainc de revenir au gymnase. Le retour aux habitudes la canalise à nouveau. Mais elle ne dispute aucun grand championnat, effectue juste une anecdotique sortie lors d'une démonstration à Gênes. Elle se prépare pour les championnats d'Europe de 2006 qui se dérouleront à Moscou. À vingt-trois ans, Alina prétend décrocher un sixième titre individuel. Le jour venu, elle mène le bal après deux rotations. Mais, à la corde, sur un folklore tzigane, elle ne dose pas assez un lancer par le pied. L'engin s'envole, trop fort, trop loin. Kabaeva court mais ne peut empêcher sa corde de tomber à plat, et en dehors du praticable. Cette erreur majeure la prive de l'or promis. Comme dans un passage de témoin, la grande championne s'incline face à la jeune Vera Sessina et doit se contenter d'une médaille d'argent. Alina accepte la sentence. Abîmée physiquement, elle lutte avec des blessures d'usure, notamment un genou capricieux depuis 2003. Travailler sur les douleurs devient un calvaire en pointillé. Elle le sent, elle ne peut plus rivaliser avec ses jeunes coéquipières. Mais, obstinée, va une dernière fois disputer les Mondiaux, en 2007. Alina remporte le titre par équipe avec la Russie, mais en individuel, se qualifie seulement pour la finale au ruban, où elle doit se contenter du bronze. De tristes adieux après avoir dominé sa discipline pendant une décennie.

10

Elle n'a pas connu ce que tant d'athlètes décrivent comme une « petite mort ». Ce moment si particulier où l'arrêt de sa discipline ouvre sur un abîme vertigineux. De quoi sera fait l'après ? Comment remplir ce vide, envisager l'avenir, se réinventer ? Ces questions trop souvent sans réponses, Alina Kabaeva ne se les pose même pas. Avant d'avoir soufflé ses vingt-cinq bougies et officiellement annoncé la fin de sa carrière, la gymnaste s'est embarquée dans une nouvelle aventure. Une reconversion totale. La politique ! Quand l'opportunité se présente, elle la saisit au bond, sans savoir où cela la mènera. Dès 2001, elle avait adhéré au parti « Russie unie », tout juste créé pour soutenir Vladimir Poutine, intégrant même le conseil suprême du parti. Mais la jeune femme n'a encore pas conscience d'entrer dans un système imaginé par le nouveau maître du Kremlin : le sport et ses acteurs doivent devenir des instruments du pouvoir, à la fois à l'intérieur et à l'extérieur des frontières.

Car, dans les années 1990, le passage du modèle soviétique au capitalisme à outrance s'est avéré fatal pour le sport russe. Avec des résultats en berne, et la fuite des professionnels vers des nations économiquement plus stables. Près de trois mille cinq cents entraîneurs et sept mille athlètes de haut niveau se seraient expatriés. Quant à la corruption, elle règne à tous les étages : la mafia a flairé l'aubaine et utilise le sport pour blanchir l'argent. Vladimir Poutine ne pouvait accepter une telle décrépitude.

Huitième dan de judo, le nouvel homme fort du pays prône les valeurs du sport et considère sa pratique comme un excellent vecteur. Au lendemain de son investiture en 2000, l'un de ses premiers invités au Kremlin est son ancien entraîneur de judo, Anatoli Rakhline. Il se plaît à rappeler que celui-ci l'a sauvé en lui déconseillant de fréquenter des délinquants. « Le mode de vie sportif doit être à la mode », déclare Poutine, évoquant l'hygiénisme pour lutter contre l'alcoolisme. Méthodiquement, il mobilise les élites, les autorités de l'État, le pouvoir économique et bien sûr les sportifs eux-mêmes. La Russie doit retrouver son lustre d'antan. Lénine adorait le cyclisme et Leonid Brejnev, autrefois excellent nageur, était fan de hockey. Quant à Boris Eltsine, il avait pratiqué le volley avant de se passionner pour le tennis. Mais leur successeur veut ouvertement politiser le sport, et pas seulement l'utiliser comme vitrine, pour en faire l'expression de la puissance russe.

Dès 2002, Poutine téléphone à Viatcheslav Fetissov, une légende du hockey avec ses deux titres olympiques en 1984 et 1988 et l'un des premiers champions à s'être exilé aux États-Unis, en 1989. Il y a étoffé son palmarès avec deux coupes Stanley remportées sous les couleurs des Red Wings de Détroit. Le président russe souhaite le rapatrier : ce serait un symbole fort. Il titille sa fibre patriotique et propose à Fetissov de diriger le Comité d'État des sports de la Fédération de Russie, le Goskomsport, équivalent alors du ministère des Sports. L'ancienne gloire des palets accepte aussitôt.

Alina Kabaeva n'a pas eu besoin d'être convertie comme Fetissov. Elle est jeune, docile, flattée aussi de se rallier à tant de grands noms. Les rangs de Russie unie regorgent en effet de champions. Et Poutine n'a pas utilisé de miel pour les attirer. Depuis l'Union soviétique, les liens entre athlètes et pouvoir ont toujours été étroits. À cause du monopole de l'État sur les structures, la formation et les installations : il finance tout. Si les écoles privées commencent à fleurir, le sport russe conserve les réflexes de ses vieilles institutions. Des clubs comme CSKA, Dynamo, Torpedo ou Lokomotiv restent historiquement affiliés à des ministères ou des entreprises étatiques. Et cette verticale du pouvoir induit une forme de soumission. En 2002, des subventions substantielles sont de nouveau allouées à un millier d'athlètes, et leur nombre triple dès l'année suivante.

Pour financer ses ambitions, Vladimir Poutine enjoint aux oligarques d'investir massivement dans le sport. Ils doivent aider son développement sur le territoire, permettre l'organisation de grands événements. Avec en point d'orgue les Jeux olympiques d'hiver à Sotchi, en 2014, et la Coupe du monde de football en 2018. Les oligarques doivent également participer au déploiement de l'influence russe à l'étranger. En sponsorisant des fédérations internationales, des clubs, des compétitions. En briguant des postes à responsabilité. Et refuser n'est pas une option pour ces milliardaires : il leur faut prouver leur loyauté envers le Kremlin.

Les amis d'enfance de Vladimir Poutine ne se font pas prier. Si Andreï Foursenko a été ministre de l'Éducation, son frère Sergueï, un des responsables du géant gazier Gazprom, devient président de la Fédération russe de football en 2010. Quant aux frères Arkady et Boris Rotenberg (qui faisaient du judo à Saint-Pétersbourg avec le jeune Poutine), ils financent des clubs de judo, mais aussi de hockey sur glace ou de football, et occupent des fonctions dans les instances dirigeantes. Parmi les généreux donateurs figure également Mikhaïl Prokhorov, avec lequel s'était lié Marat Kabaev, et qui achète la franchise NBA des

Nets en 2009 (il revendra 49 % de ses parts en 2017 à la demande de Poutine) : il dirige le club de basket CSKA Moscou, finance le club de foot du FK Moscou à hauteur de 65 millions d'euros et devient président de l'Union russe de biathlon en 2008. En Europe, on se souvient surtout de Roman Abramovitch depuis son rachat en 2003 du fameux club de foot de Chelsea. Comme le Kremlin lui reprochait de ne pas être assez patriotique, il a sponsorisé le CSKA Moscou un an plus tard, offrant 45 millions d'euros via la compagnie pétrolière Sibneft, qu'il préside. Sans oublier Dmitri Rybolovlev, un des plus grands producteurs d'engrais au monde, résident monégasque devenu en 2011 l'actionnaire majoritaire du club de foot de l'AS Monaco.

Au total, sur les quatre-vingt-dix milliardaires russes identifiés en 2018, une cinquantaine ont répondu à l'appel de Vladimir Poutine. Après avoir dépendu des structures étatiques sous le régime communiste, le sport d'élite du pays est ainsi passé en quelques années sous la coupe des oligarques, indissociables de l'industrie des hydrocarbures. Ces grands groupes gaziers et pétroliers financent les athlètes, rachètent les clubs (en conservant leurs dénominations soviétiques), rénovent les infrastructures existantes, en construisent de plus modernes (et plus grandes) et pilotent l'accueil de grands championnats. Grâce à un tel soutien, la Russie s'offre une visibilité planétaire, avec une nouvelle image, plus positive, à la clé.

Évidemment, Alicher Ousmanov apporte lui aussi son obole. Le mari d'Irina Viner n'appartient pas au premier cercle de Vladimir Poutine mais n'a jamais été en froid avec lui. Bien avant l'injonction du maître du Kremlin, il dépensait déjà sans compter pour la GRS russe et, à la demande du « président », il intensifie ses efforts et comble de sa « générosité » l'escrime russe. Sur ses fonds propres, il verse des primes aux vainqueurs des différents championnats et autres Coupes du monde. Après avoir enfilé les costumes de président de la Fédération russe d'escrime et de la Confédération européenne d'escrime, créé aussi une fondation « Pour l'avenir de l'escrime », Ousmanov est élu président de la fédération internationale de son sport de cœur, succédant au Français René Roch en décembre 2008. Il sera réélu tous les quatre ans, avant de s'éclipser le 1er mars 2022 à la suite de l'invasion de l'Ukraine.

Avec un tel « parrain », Alina Kabaeva allait forcément se rapprocher des arcanes du pouvoir. En 2005, elle prête définitivement allégeance au maître du Kremlin en étant l'une des signataires de la lettre contre Mikhaïl Khodorkovski, accusé de malversations financières. Une affaire retentissante dans le pays… PDG de la compagnie pétrolière Ioukos et première fortune de Russie en 2003, l'homme d'affaires avait d'abord été entendu comme témoin, puis arrêté à l'aéroport de Novossibirsk, en Sibérie, et condamné en première instance à neuf ans de prison pour « escroquerie à grande échelle » et « évasion fiscale ».

Opposant notoire à Vladimir Poutine, il s'était défendu en jurant être une victime politique. Au lendemain du verdict, des personnalités éminentes publiaient une lettre de soutien à Khodorkovski. En riposte, des sportifs, des scientifiques et des figures du monde de la culture lançaient un appel le 28 juin 2005 dans le quotidien *Izvestia* pour réfuter le caractère politique de cette affaire. « Ceux qui parlent constamment d'injustice se soucient-ils du respect des droits ? Ou poursuivent-ils d'autres intérêts, puisqu'ils se permettent d'ignorer le fait que l'évasion fiscale en Russie, comme dans tout pays normal, est considérée comme l'un des délits les plus graves », s'interrogeaient les cinquante signataires. Parmi eux : le décuple champion du monde de hockey Vladislav Tretiak, la célèbre chorégraphe de patinage artistique Elena Tchaïkovskaïa, la ballerine Anastasia Volochkova, le réalisateur Stanislav Govoroukhine et... Alina Kabaeva.

Dans le même temps, après avoir repris les entraînements, cette dernière se met en retrait du parti Russie unie. Mais intègre la Chambre publique de la Fédération de Russie, un organe consultatif qui réunit des hommes et des femmes politiques, des artistes, des journalistes, etc. Ils se rassemblent régulièrement (parfois dans une salle du Kremlin) pour échanger sur des questions de société et proposer des idées. Au bout de deux ans, Alina Kabaeva en est exclue : elle n'a jamais assisté aux débats. Comme une autre idole du pays, la chanteuse Alla Pougatcheva. Qu'importe. Le destin doit s'écrire ailleurs. Et plus précisément à la Douma d'État, la chambre basse de l'Assemblée fédérale.

En 2007, la gymnaste est élue parmi les quatre cent cinquante députés de cette chambre pour représenter le Tatarstan, évidemment sous les couleurs de Russie unie. Et quand on lui demande « pourquoi cette république ? », la jeune femme n'y ayant jamais vécu, elle ne manque pas de rappeler les racines tatares de son père. D'ailleurs, au cours de ses dernières années de carrière, Alina Kabaeva représente parfois le Tatarstan en compétition. En échange de son image, celui-ci la soutient matériellement pour aider à développer la discipline. Alina est d'accord avec Vladimir Poutine quand il surnomme Kazan la « capitale du sport russe ». Et applaudit quand cette ville magnifique des bords de la Volga accueille de grandes épreuves, comme les Universiades en 2013 ou les Mondiaux de natation en 2015. Elle n'oublie jamais de remercier les autres députés du Tatarstan : « C'est intéressant pour moi d'être parmi des gens qui ont derrière eux une riche expérience de vie. Lors des séances plénières, je siège à côté de Iossif Kobzon, un politicien qui me donne des conseils quand j'en ressens le besoin. Je lui en suis très reconnaissante. » Kobzon, décédé en 2018 à l'âge de quatre-vingts ans, fut un crooner très populaire du temps l'URSS. Le « Sinatra russe » a offert des concerts aux soldats soviétiques pendant la guerre en Afghanistan. Mais suite à des enquêtes criminelles menées en Occident, son nom reste associé à la mafia. Soupçonné de trafic de drogue, mais aussi d'armes, ce soutien inconditionnel du président Poutine fut même placé sur liste noire par l'Union européenne et interdit d'entrée aux États-Unis.

Alina Kabaeva se souvient très bien de son premier jour à la Douma. De son entrée dans l'énorme bâtiment gris, édifié à deux pas du Bolchoï, non loin de la place Rouge, dont elle est séparée par le jardin d'Alexandre, qui longe les murs de brique du Kremlin. Dans une interview accordée aux médias officiels du Tatarstan, la jeune députée avoue pourtant avoir hésité. « Mais je ne sais pas rester immobile, le sport m'a vaccinée contre la stagnation et je dois toujours me fixer de nouveaux objectifs. En faire plus pour moi et pour mon pays. Bien sûr, être élue m'a rendue heureuse, mais j'ai compris aussi quelle responsabilité m'incombait. Et la première réunion m'a laissé une impression indélébile. Je me souviens du moment où tout le monde s'est levé, quand l'hymne russe a retenti… J'étais tellement excitée ! Ça m'a rappelé toutes ces fois où je l'avais écouté après une victoire en compétition. Là, il sonnait comme le début de mon nouveau chemin… Et j'ai pensé que c'était bon signe, que j'allais réussir ! » Le premier succès ne tarde pas : la voici nommée vice-présidente de la commission pour la jeunesse.

Vladimir Poutine a très vite compris la défiance des Russes envers leurs représentants politiques, et incité celles et ceux qui faisaient la fierté du pays à garnir les bancs de la Douma. On y croise ainsi les hockeyeurs Fetissov et Tretiak, le tennisman Marat Safine, le lutteur Aleksandr Karelin, le boxeur Nikolaï Valouïev, le footballeur Roman Pavliouchenko, les biathlètes Anton Chipouline, Vladimir Dratchev et Sergueï Tchepikhov. Ou encore le patineur Anton Sikharulidze, champion olympique en couple artistique en 2002, à qui la presse russe prête bientôt une relation amoureuse avec Alina Kabaeva.

L'ancienne gymnaste n'est pas la seule beauté intronisée à la chambre. Une autre idée est de féminiser le pouvoir, afin de séduire la population. Aux côtés des cosmonautes Elena Kondakova et Svetlana Savitskaïa, ou de l'illustre patineuse artistique Irina Rodnina (triple championne olympique des années 1970), siègent Svetlana Jourova, championne olympique de patinage de vitesse en 2006, Svetlana Khorkina (amie gymnaste de

Kabaeva, médaille d'or aux JO de 1996 et 2000), Svetlana Ichmouratova (biathlète sacrée deux fois aux Jeux de 2006), la boxeuse Natalya Karpovich, ou encore la danseuse étoile du Bolchoï Svetlana Zakharova, d'origine ukrainienne. Pour l'anecdote, lors de la campagne législative de décembre 2011, la joueuse de tennis Anna Chakvetadze, numéro cinq mondiale en 2007, a été désignée comme la plus belle apprentie en politique. Mais elle figurait parmi les candidats d'un parti opposé au régime et n'a pas été élue.

La liste de ces têtes d'affiche est longue, mais dénuée de sens. Si Karelin a réellement œuvré pour sa Sibérie natale, d'autres ont été désignés uniquement pour leur prestige. Valeri Gladiline, ancien joueur et entraîneur de football, a siégé pendant quatre ans tout en étant incapable d'assumer sa charge : il descendait quotidiennement une bouteille de vodka. Quant à Valentina Terechkova, première femme à effectuer un vol dans l'espace, en 1963, seule à bord de *Vostok 6*, on s'interroge sur sa présence, surtout après l'avoir vue grimper si difficilement à l'estrade, pour proposer d'une voix fatiguée que Vladimir Poutine reste au pouvoir jusqu'à la fin de ses jours. Ce spectacle pathétique rappelait les dernières heures, lugubres, au sommet de l'URSS de Iouri Andropov ou Konstantin Tchernenko. Pourtant, le discours de la cosmonaute a été plébiscité. En Russie, on ne se moque pas des héros.

Les valoriser est une constante depuis la période communiste. Dans les années 1960, la gymnaste Larissa Latynina, sportive la plus médaillée aux Jeux olympiques (dix-huit récompenses, dont neuf titres), ou le footballeur Lev Yachine (seul gardien de but à avoir été élu Ballon d'or) rivalisaient en popularité avec le cosmonaute Youri Gagarine, premier homme envoyé dans l'espace. Et le pouvoir utilisait leur image auprès de la population. Mais Vladimir Poutine va plus loin en imposant les sportifs au cœur de son système politique, même si cela paraît souvent factice. C'est le cas d'Alina Kabaeva, rarement présente lors des débats à la Douma, ou dissipée lorsqu'elle daigne apparaître. Elle s'en défend, bien sûr, débitant pour convaincre un discours parfaitement calibré et dans la ligne indiquée par Poutine.

Alina aime dresser un parallèle entre le sport et la politique : « Il y a beaucoup de points communs, vous devez travailler dur pour obtenir des résultats, vous êtes responsable envers les gens. À bien des égards, vous devez vous oublier, accepter de ne plus avoir de temps libre. Votre travail devient votre vie. Mais ça vaut le coup. » Pourtant, lorsqu'elle donne sa démission par anticipation, demandant à être relevée de son deuxième mandat en 2014, son bilan n'a rien de comparable à son palmarès sportif. Même si elle a paraphé (avec d'autres) la loi « Dima Iakovlev », qui interdit en 2013 l'adoption d'enfants russes par des Américains, Kabaeva a participé à cinq initiatives législatives, toutes en collaboration avec d'autres députés. En sept ans, elle s'est exprimée seulement trois fois face à l'Assemblée, en juin 2009, décembre 2012 et mars 2013. Sa dernière prise de parole aura été consacrée à une loi interdisant la diffusion d'informations dans les médias sur les enfants victimes de violence ou d'autres activités illégales. « Ce projet de loi est un espoir pour moi et mes collègues que les enfants et les adolescents cesseront d'être un sujet de divertissement. Toute société a non seulement le droit, mais aussi l'obligation de se protéger et de protéger son avenir, alors protégeons nos enfants », déclarait-elle alors à la Douma.

Pour beaucoup d'observateurs, ce sérieux affiché est presque risible. Bien sûr, la députée a validé deux diplômes d'études supérieures. Mais sans assiduité, pour ses cursus suivis à l'université d'État du tourisme et des services à Moscou (MGUS), puis à l'université Lesgaft de culture physique, des sports et de la santé à Saint-Pétersbourg. Ils ne peuvent suffire à masquer l'évidence : Alina Kabaeva est une jeune femme adorable, un peu arrogante et ayant bénéficié d'une instruction limitée. En revanche, la championne dispose d'appuis solides auprès des puissants, cela ne fait aucun doute. Au fil des ans, personne n'a été dupe de son rapprochement avec le maître du Kremlin. Et s'il pouvait s'agir au départ de simples rencontres officielles orchestrées dans le cadre du sport, cette relation avec Vladimir Poutine semble avoir considérablement évolué.

11

Irina Viner se lamente rarement. Surtout lors des réunions du comité technique de la Fédération internationale de gymnastique, où l'enjeu sportif est énorme. Toutes ces dames convoquées y élaborent les nouvelles orientations de la discipline. Mais, entre deux débats, le comité permet des échanges informels avec des personnes de confiance, des amies de longue date. Au beau milieu d'une discussion de ce genre, la grande prêtresse ne peut retenir cette confidence : « Je ne comprends plus Alina. Elle est amoureuse de lui. Mais ce n'est pas un homme pour elle. Pourtant, je lui présente les meilleurs partis possibles… » Son interlocutrice ne saisit pas bien. Qui est ce mystérieux amant ? Elle se risque à cette évidence : « Si elle est amoureuse, Irina, tu ne pourras rien y faire. »

Mais Viner ne peut l'accepter. L'ancienne entraîneure a l'habitude de tout régenter, dans sa vie mais aussi celle de ses proches. À l'entraînement, bien sûr, elle fait et défait les carrières. Mais elle s'investit aussi dans la reconversion de ses gymnastes. Et se moque d'être comparée à une mère maquerelle, soupçonnée de transformer ses filles en escort girls. Elle ne s'abaisserait jamais à une telle vulgarité. En revanche, elle cherche à assurer leur avenir : ces jeunes femmes ont tellement donné pour leur pays en décrochant de prestigieuses médailles. Et grâce à son mari, elle a accès aux plus grandes fortunes du pays. Quel mal y a-t-il à mettre en relation ses anciennes protégées avec des hommes capables de leur fournir tout ce dont elles rêvent ? Sans son concours, comment pourraient-elles avoir l'opportunité de rencontrer les meilleurs partis ?

Cela dit, elle ne les oblige à rien. D'ailleurs, ses filles n'en font souvent qu'à leur tête. Comme Youlia Barsoukova, qui divorça avec l'ancien danseur sur glace Denis Samokhine, se retrouvant seule avec un petit garçon à élever. Les unions d'Amina Zaripova et de Yana Batyrchina, au moins, sont plus solides. La première a épousé le chanteur de rock Alekseï Kortnev en 2002 et ils ont eu quatre enfants. La seconde s'est reconvertie dans l'animation d'émissions de télévision : elle a ainsi rencontré le père de ses trois enfants, le producteur Timur Weinstein, cousin du maître des échecs Gari Kasparov. Irina Tchachtchina, elle, a convolé en 2011 avec l'homme d'affaires Evgueni Arkhipov, un ami de Dmitri Medvedev ; le président de la Russie assistera au mariage, en souvenir de leur jeunesse passée à pagayer ensemble. D'ailleurs, Arkhipov fait partie de ces riches

Russes ayant accepté de financer le sport national suivant les besoins de Vladimir Poutine. Depuis 2008, il préside la Fédération russe de canoë-kayak.

Alina Kabaeva, de son côté, peine à se stabiliser. Depuis sa séparation avec David Museliani, on lui prête de multiples aventures. Elle fréquente régulièrement les boîtes de nuit. « Contrairement à ce que la presse écrit, je ne suis pas alcoolique. Ma seule drogue, c'est la danse », lâche-t-elle un jour à un reporter trop intrusif à son goût. Les médias imaginent à un moment une romance avec le patineur Anton Sikharulidze, l'ancien champion olympique de couple artistique, qui siège avec elle à la Douma. Ils démentent tous les deux.

En cette année 2008, quelques semaines après la confidence d'Irina Viner, une tout autre histoire est révélée par l'hebdomadaire *Moskovski Korrespondent*. Selon son édition du 12 avril, le nouvel amour d'Alina Kabaeva ne serait autre que Vladimir Poutine ! Désormais Premier ministre de Dmitri Medvedev, l'ancien président s'apprête à divorcer de sa femme, Lioudmila Chkrebneva, mère de leurs deux filles. Une noce est prévue, paraît-il, dans les jardins du somptueux palais Konstantin, au bord du golfe de Finlande. Le lieu même, au sud de Saint-Pétersbourg, où le sommet du G8 s'était tenu en 2006. L'article est étayé par plusieurs témoignages. Une publicité formidable pour ce journal créé sept mois plus tôt par l'oligarque Aleksandr Lebedev. Après avoir décroché un doctorat en économie, l'homme a travaillé pour le KGB à l'ambassade soviétique de Londres, jusqu'en 1992, avant de se lancer dans les affaires. Et, onze ans plus tard, de devenir député sous les couleurs du parti majoritaire Russie unie. Pourtant, les relations de Lebedev avec Vladimir Poutine ont toujours été compliquées.

Notamment après l'assassinat d'Anna Politkovskaïa, en octobre 2006. Quand la célèbre journaliste succombe sous les balles à Moscou, les regards convergent vers le président russe : elle n'a cessé de critiquer sa politique avec virulence. Le milliardaire Lebedev offre alors une récompense d'un million de dollars à toute personne capable de fournir des informations sur l'identité des tueurs. Un geste naturel de la part du propriétaire de *Novaïa Gazeta*, le journal qui employait Anna Politkovskaïa, et dont plusieurs journalistes ont déjà été assassinés depuis 2000. Car le principal tabloïd d'opposition du pays dénonce la corruption au sein de l'État, les crimes commis en Tchétchénie et les atteintes aux droits de l'homme… Cette affaire retentissante conduit à la démission de Lebedev du parti Russie unie en 2007. Il fonde un an plus tard le Parti démocratique indépendant de Russie, avec un autre actionnaire de *Novaïa Gazeta*, un certain… Mikhaïl Gorbatchev.

Les révélations du nouveau journal de Lebedev semblent bien moins graves. Juste un secret d'alcôve. Mais Vladimir Poutine goûte peu ces insinuations sur sa vie privée et les dément lors de cette fameuse conférence de presse tenue depuis la Sardaigne, où il séjourne chez son ami Silvio Berlusconi. Malgré cela, l'information est reprise dans de nombreux médias internationaux. Alina Kabaeva conteste elle aussi ces allégations et réclame un droit de réponse sous peine de poursuites judiciaires. Son injonction est entendue, des excuses publiées. Mais cela n'empêche pas le FSB de s'en mêler. Les agents des services secrets fédéraux multiplient les descentes, perquisitionnent les bureaux du *Moskovski Korrespondent*, interrogent tous les salariés. Son directeur général, Artem Artemov, annonce la fermeture du journal le 19 avril, au lendemain de l'intervention de Vladimir Poutine en Italie. « J'ai pris la décision de cesser de financer et donc d'imprimer le journal en raison des dépenses importantes liées à sa publication, et aussi d'un désaccord avec la rédaction sur sa stratégie », déclare Artemov. Quant au rédacteur en chef, Grigori Nekhoroshev, il démissionne et défend l'enquête minutieuse de ses journalistes : « Je suis convaincu à 100 % que les gens devraient connaître ces informations sur leurs dirigeants. Ils devraient même être au courant des rumeurs afin qu'un débat public puisse avoir lieu. » Mais ses mots résonnent dans le vide. L'influence du Kremlin est trop forte. Aleksandr Lebedev s'inquiète de devenir à son tour une cible : on pourrait le discréditer, nuire à ses affaires. Peut-être même attenter à sa vie.

Il vient de comprendre à ses dépens qu'il n'est pas question de dévoiler la vie privée de Vladimir Poutine. La Russie n'est pas la France, qui vient alors d'accepter sans sourciller la nouvelle du mariage secret de son président. Le 2 février 2008, Nicolas Sarkozy a épousé en troisièmes noces l'ancien top model Carla Bruni dans le salon vert du palais de l'Élysée, sans publication des bans, mais avec l'autorisation du procureur de la République, pour ne pas « troubler l'ordre public ». À Moscou, la rumeur a suffi à enflammer les esprits. Et les commentaires ont fleuri. À commencer par l'humoriste Viktor Chenderovitch. Connu pour sa barbe grise, cette vedette de la chaîne NTV commentait l'actualité à la manière des *Guignols de l'info* dans son émission *Koukly*[1]. Mais après son élection en 2000, le nouveau président n'a pas supporté d'être parodié et fait pression pour que le show soit annulé. « Il souffre de gros complexes, n'accepte pas la critique et estime n'avoir aucun compte à rendre », analyse Chenderovitch, pour qui la moquerie est un outil de contestation. Interrogé sur le scoop de *Moskovski Korrespondent*, l'écrivain satirique met carrément les pieds dans le plat : « C'est une question de statut, de symbole du pouvoir. Or Alina Kabaeva n'est pas seulement

1. « Poupées ».

une jeune femme intéressante, mais un symbole. Y compris sexuel. »

La petite phrase ne passe pas inaperçue. Dans la foulée de son titre olympique en 2004, la gymnaste est devenue une icône de la mode, mais pas seulement. Elle a beau s'insurger quand son amie Svetlana Khorkina accepte de poser nue en couverture du *Playboy* russe, certifier qu'elle refuserait toute impudeur par respect pour sa famille musulmane, elle apparaît parfois dans des tenues ou des attitudes très suggestives. Et plutôt inconvenantes pour une éventuelle future première dame. Après tout, Vladimir Poutine s'est construit l'image d'un homme pieux, défenseur des valeurs familiales. Il s'appuie depuis ses débuts politiques sur l'Église orthodoxe, s'érigeant en sauveur de la patrie face à la décadence occidentale. En assumant toutefois son intérêt pour la gent féminine : « J'aime les femmes russes, parce qu'elles sont russes et talentueuses. » Marié à Lioudmila Chkrebneva depuis 1983, il aurait eu plusieurs aventures extraconjugales. Avec une certaine Svetlana Krivonoguikh, par exemple. Née en 1975 à Saint-Pétersbourg, cette étudiante en économie aurait connu Vladimir Poutine en tant que simple femme de ménage à la fin des années 1990. Mais s'est retrouvée à la tête d'une fortune après la naissance de sa fille en 2003. Une enfant illégitime dont le patronyme interpelle : Elizavcta Vladimirovna Krivonoguikh. Ce serait donc, selon la règle en Russie, la fille d'un Vladimir.

Cette même année, la supposée maîtresse a fait l'acquisition d'un appartement à Monaco pour 4 millions de dollars, grâce à des comptes offshore. Elle vivrait avec sa mère dans un luxueux logement situé sur l'une des îles Kamenny, dans le delta de la Neva. Et a étendu son empire immobilier à Saint-Pétersbourg avec de nombreux appartements et… une boîte de nuit spécialisée dans les shows érotiques. Une millionnaire surgie de nulle part, comme l'a révélé l'enquête des Pandora Papers. Des soupçons confirmés par les sanctions prises à son encontre en février 2023 par le Royaume-Uni, dans le cadre de la guerre en Ukraine. Car Svetlana Krivonoguikh est actionnaire de la banque Rossiya, et celle-ci appartient à des proches de Vladimir Poutine. Elle a également des actions dans le Groupe national de médias (NMG), qui ne cesse de défendre l'invasion russe en Ukraine.

Ironie de l'histoire, le conseil d'administration de ce groupe est présidé par Alina Kabaeva ! Et cela depuis 2014, date de sa décision d'abandonner son mandat de députée à la Douma. Elle dirigeait déjà le conseil de surveillance de NMG. Et cette année charnière la relie inexorablement au pouvoir. Donc à Vladimir Poutine, qu'Alina a si souvent croisé depuis leur première rencontre officielle en 2001. On se souvient de ce 8 juin au Kremlin, et de la manière dont le président l'observait, comme fasciné, au moment de la décorer de l'ordre de l'Amitié pour sa médaille de bronze aux Jeux de Sydney. Ce regard pour la jeune fille alors âgée de dix-huit ans pourrait à loisir être comparé avec ceux accordés à d'autres championnes. Mais il ne s'est jamais démenti quand il se posait sur Alina Kabaeva. Un trouble encore bien présent quand toute l'équipe d'Irina Viner avait été reçue au Kremlin après les Mondiaux de 2003, où Kabaeva avait décroché quatre médailles d'or. Puis en mars 2004, dans la résidence officielle du président à Novo-Ogariovo, construite sur les fondations d'un château néo-médiéval, au milieu d'une forêt de bouleaux. Cette fois, Viner évoluait en terrain connu : avec Alicher Ousmanov, et à l'instar de toutes les grandes fortunes de Russie, elle possède un domaine non loin, bordé par la Roubliovka, une longue route qui s'étire au nord de Moscou.

Kabaeva rencontrera de nouveau Poutine au Kremlin en novembre 2004, après son titre olympique à Athènes. Tous les champions sont invités, mais grâce aux manœuvres d'Irina Viner, elle seule aura droit à un entretien privé. Le tête-à-tête se reproduira l'année suivante mais on se souviendra surtout de la rencontre du 1er décembre 2007. Blessée, Alina Kabaeva ne peut disputer les championnats de Russie à Moscou. Une photo immortalise alors sa proximité évidente avec le président russe. On les voit face à face dans unc logc. Ellc rit de toutes ses dents, les yeux pétillants, presque complice. Quant à lui, détendu, les traits adoucis, son expression ressemble à un aveu.

Il s'agit du dernier cliché officiel les montrant ensemble. Désormais, la jeune femme ne parade plus au bras de qui que ce soit. Ce n'est pas faute de lui présenter des hommes, dirait Irina Viner. D'ailleurs, l'entraîneure n'est pas la seule à jouer les intermédiaires. Svetlana Khorkina, l'amie gymnaste et également membre de Russie unie, s'octroie aussi ce rôle. La jolie blonde connaît des amours chaotiques à l'époque. Deux ans plus tôt, à la naissance de son fils Sviatoslav au Cedars-Sinai Medical Center de Los Angeles, seul son nom à elle figurait sur les documents officiels. Un acteur hollywoodien d'origine géorgienne, Levan Ouchaneishvili, est soupçonné d'être le père de l'enfant. Svetlana Khorkina révélera la vérité deux ans plus tard dans son autobiographie. Elle entretenait depuis 1997 une relation adultère avec l'homme d'affaires Kirill Choubski, de quinze ans son aîné et marié à l'actrice-réalisatrice Vera Glagoleva. La naissance de Sviatoslav l'incite à quitter sa maîtresse, Khorkina, qui finira par épouser un général du FSB à la retraite. Oleg Kochnov a vingt-trois ans de plus qu'elle mais lui donnera un second fils en 2019. « Avant, tout le monde me considérait comme une garce, confie l'ancienne spécialiste des barres asymétriques. Mais ça m'a aidé dans la vie. Je vivais pour la gymnastique, je faisais ce que je voulais. Je pouvais manipuler les gens de mon entourage, les gars qui s'occupaient de moi. Et je l'ai fait avec plaisir. » Une liberté assumée dont elle souhaite faire profiter ses amies. À commencer par Alina, qu'elle croise souvent sur les bancs de la Douma. Svetlana la console après sa rupture avec David Museliani, l'escorte à des soirées mondaines et lui présente des hommes, de préférence riches et proches du pouvoir. Certains se montrent sensibles au charme pétillant de la jeune femme, d'autres pas du tout. L'un d'eux avoue même avoir refusé de sortir avec elle « à cause de sa couche de fard trop épaisse ». Depuis 2008, la peur d'entrer en concurrence avec Vladimir Poutine semble dissuader les prétendants. Même si les intéressés ont nié toute intimité, personne ne prendrait le risque de froisser la susceptibilité du tsar. Car les doutes subsistent sur la nature réelle de leur relation. Comment justifier autrement qu'Alina Kabaeva progresse autant dans les méandres du pouvoir ?

Son ascension est même fulgurante. Avec semble-t-il une bienveillante complicité du Kremlin. Pourtant, la jeune femme a souvent brillé par son manque d'engagement dans ses fonctions politiques. Elle abandonne son mandat de députée en 2014 pour se consacrer à l'une des holdings médiatiques les plus influentes du pays, NMG. Fondé en 2008, le Groupe national de médias compte parmi ses cofondateurs un ami d'enfance de Vladimir Poutine, Iouri Kovaltchouk, considéré comme son banquier personnel, mais aussi un autre proche du président, le milliardaire Alekseï Mordachov, PDG de Severstal, une compagnie sidérurgique qui lui a permis de devenir l'homme le plus riche de Russie[1].

NMG possède près de soixante chaînes de télévision, une dizaine de stations de radio, des quotidiens populaires comme *Izvestia* ou *Sport-Express*, des studios de production cinématographique, des bouquets satellites, des plateformes Internet ou encore les filiales russes de Sony Pictures, Discovery et Fox Networks. Générant un chiffre d'affaires évalué à 30 milliards de roubles, il choisit pourtant une ancienne gymnaste pour présider son conseil public. Cet organe de surveillance comprend des personnalités de la culture, des politiciens et des représentants du monde des affaires. En 2014, Alina Kabaeva se voit carrément propulsée à la tête du conseil d'administration en remplacement du neveu de Iouri Kovaltchouk, Kirill Kovaltchouk, promu au poste de président. Elle bénéficie ainsi d'émoluments conséquents. Si les députés russes sont gratifiés d'environ 5 000 euros par mois, salaire largement supérieur à la moyenne nationale,

1. En 2022, le magazine *Forbes* estimait sa fortune à plus de 19 milliards de dollars. Son yacht a été saisi en Italie après l'invasion de l'Ukraine.

estimée à moins de 450 euros, celui de Kabaeva frôle désormais les 9 millions annuels.

Décidément, la nouvelle vie d'Alina Kabaeva porte le sceau du pouvoir. Une telle évolution alimente les rumeurs : serait-elle due à son intimité avec Vladimir Poutine ? Beaucoup extrapolent, de nouveau, sur un possible mariage. Annoncé en 2013, le divorce du président et de sa femme est acté un an plus tard. Une année particulière : elle coïncide avec les premiers Jeux olympiques organisés par la Russie, depuis ceux de 1980 à Moscou, boycottés par les États-Unis à cause de la guerre en Afghanistan. Le pays accueille aussi ses premiers Jeux d'hiver. Un extraordinaire périple est réservé à la flamme olympique, portée pendant cent vingt-trois jours par quatorze mille personnes sur 65 000 kilomètres, soit quatre-vingt-trois régions traversées. De Kaliningrad, enclave russe entre la Pologne et la Lituanie, à Vladivostok, à l'extrémité est du territoire, juste en face du Japon ; de Mourmansk, au nord du cercle polaire arctique, au confluent du fleuve Amour, près de la frontière chinoise ; sur les pentes enneigées d'un volcan du Kamtchatka, au sommet du mont Elbrouz, jusque dans le lac Baïkal, à bord d'un sous-marin, alimentée par un brûleur spécial, et une torche (non allumée) est même partie dans l'espace à bord d'un vaisseau Soyouz…

En attendant la cérémonie d'ouverture, beaucoup se demandent si Sotchi sera l'occasion de révéler au grand jour l'idylle toujours inavouée. Surtout lorsque Alina Kabaeva confie dans une interview avoir rencontré l'homme de sa vie. « Parfois, je me sens si joyeuse que cela m'effraie », glisse-t-elle. La jeune femme va-t-elle apparaître au bras du président quand il fera son entrée dans le stade Ficht de Sotchi ? Les Jeux olympiques en Russie, ne serait-ce pas l'occasion idéale pour officialiser la relation entre la championne et le président du pays ? Devant les quarante mille spectateurs réunis dans les gradins, et surtout trois milliards de téléspectateurs à travers le monde ? Un vœu évidemment trop romantique pour être exaucé. En revanche, Kabaeva sera bien présente. Après la joueuse de tennis Maria Sharapova, première à entrer dans le stade, la perchiste Elena Isinbaeva, le lutteur Aleksandr Karelin, Alina est la dernière à transmettre la flamme olympique au duo de légende formé par la patineuse Irina Rodnina et le hockeyeur Vladislav Tretiak [1], désignés pour allumer la vasque.

1. Irina Rodnina et Vladislav Tretiak détiennent chacun dix titres mondiaux et trois titres olympiques.

12

Alina Kabaeva en a-t-elle rêvé ? Imaginait-elle, comme tant d'autres, que les Jeux olympiques de Sotchi seraient l'occasion idéale pour révéler au grand jour cette relation qu'elle vit depuis plusieurs années déjà ? Plus rien ne semblait l'interdire. Avant de s'envoler pour Athènes en 2004, la championne avait choisi d'être baptisée selon le rite orthodoxe. Elle en était convaincue : la religion devrait lui offrir un supplément d'âme. À partir du moment où le divorce de Vladimir Poutine serait bientôt prononcé, cela serait aussi un atout pour officialiser leur amour. C'était oublier la sacro-sainte volonté du président russe : ne jamais entraver son pouvoir politique avec des considérations personnelles. Même marié, il n'est que rarement apparu au bras de sa femme lors de déplacements officiels : « La présence des épouses brouille le message », assume-t-il. Aujourd'hui, sa maîtresse saurait s'accommoder de cette conviction, se consoler de devoir rester dans l'ombre.

On annonçait en effet les plus beaux Jeux olympiques de l'histoire. Ils allaient unifier toute la

Russie, exalter son patriotisme, imposer au monde sa grandeur. Pour présenter la candidature de Sotchi, les autorités avaient choisi un slogan ambitieux, « La porte du futur », et fait miroiter un financement à la hauteur : l'édition 2014 allait pulvériser tous les records avec un budget avoisinant les 50 milliards d'euros. Que les Jeux soient d'été ou d'hiver, jamais une nation n'avait autant dépensé pour accueillir la grande fête quadriennale. Car avant la désignation de Sotchi en 2007, aucune infrastructure n'existait dans la prestigieuse station balnéaire de la mer Noire, au climat subtropical, où les oligarques ont leurs habitudes. Pour recevoir des Jeux d'hiver, il faut construire des patinoires, un aéroport international, développer les liaisons routières et ferroviaires. La situation est plus épineuse encore en montagne, dans la vallée de Krasnaïa Poliana, à l'extrémité occidentale du Caucase. Située à 600 mètres d'altitude, cette « clairière rouge » sillonnée par la rivière Mzymta était fréquentée par les touristes estivaux à l'époque soviétique. Il n'était alors pas question de sports d'hiver. Le premier télésiège est apparu dans les années 1990, suivi de trois autres pour desservir, lorsque la neige se décide enfin à tomber, 12 petits kilomètres de pistes balisées à 2 200 mètres d'altitude. Et soudain, en quelques années, quatre stations vont voir le jour : Alpine-Service (bobsleigh), Rosa Khutor (ski alpin), Laura pour les épreuves nordiques et

Gornaïa Karoussel pour le saut à skis. Rien de tout cela n'existait encore au moment où le Comité international olympique devait voter. Certains s'inquiètent : ce n'est pas seulement un désert, la région présente des risques en raison de l'instabilité géopolitique en Abkhazie voisine. Poutine monte au créneau, s'implique personnellement, ira même jusqu'à prononcer le premier discours de sa carrière en anglais et achève de convaincre les derniers membres récalcitrants du CIO. Après tout, les instances du sport mondial ne s'encombrent plus des valeurs morales d'antan, fermant les yeux sur les manquements manifestes pointés par les ONG en matière de droits de l'homme, d'écologie ou de la liberté de la presse. Pékin a bien pu accueillir les Jeux d'été en 2008, puis d'hiver en 2022, et le Qatar se voir attribuer la Coupe du monde de football.

La Russie se moque des scrupules de certains. Pendant sept ans, elle dépense donc sans compter. Elle mise sur le grandiose et les symboles. En traversant son immense territoire, le parcours de la flamme souligne la diversité de sa population et de ses coutumes. Et pour la torche, les designers russes ont imaginé une plume argentée soulignée de rouge foncé (couleur traditionnelle du pays depuis le XIIIe siècle) pour rappeler l'oiseau de feu du folklore russe. Quant aux sept médailles d'or décernées le 15 février, contrairement aux autres, elles contenaient un fragment du météore de

Tcheliabinsk[1], pour marquer le premier anniversaire de sa chute…

Mais ces références perdent leur sens si les athlètes russes n'accomplissent pas des exploits. Le pays doit donc tout faire pour effacer l'affront subi quatre ans plus tôt aux Jeux de Vancouver, en dégringolant à la onzième place du classement des nations, avec seulement trois petites breloques d'or. Vladimir Poutine en est convaincu, l'homme providentiel pour éviter un tel désastre s'appelle Vitali Moutko. Il s'agit de son ministre des Sports depuis 2008, un soutien inconditionnel, imperméable à la pression, aux insultes d'une opinion publique qui le déteste. Capable aussi d'assumer une part d'ombre. Dans son bureau du 18 de la rue Kazakov à Moscou, ce très bel immeuble qui abritait en 1812 l'état-major du maréchal Murat avant l'incendie de la capitale russe, Moutko n'a jamais transigé avec sa fidélité au président. Quelle que soit la décision à prendre.

C'est l'amitié entre leurs deux femmes qui les a d'abord rapprochés. Un lien tissé sur les bords de la Neva, à Saint-Pétersbourg. C'est là que Vitali Moutko, natif de Kourinskaïa, dans le sud du pays, s'est exilé pour étudier. Il rêvait d'être matelot, obtint un diplôme de l'Institut des transports

1. Superbolide de plus de 10 000 tonnes ayant explosé au-dessus de l'Oural en 2013, générant une onde de choc qui fit mille six cents blessés parmi les habitants de la ville.

maritimes en 1987 (avant de décrocher par correspondance un doctorat en économie) et s'engagea comme mécanicien sur le port de Saint-Pétersbourg. Son destin chavire lors de vacances en 1991, lorsqu'il rencontre Anatoli Sobtchak. Il gagne les faveurs du premier maire élu démocratiquement dans l'ancienne capitale des tsars et se trouve propulsé vice-maire et membre du comité des affaires sociales, de 1992 à 1996. Avec Poutine, autre proche de Sobtchak, il chorégraphie les Goodwill Games de 1994, le premier événement organisé en Russie post-soviétique. Le sport, il y a mis un premier pied un an plus tôt. En 1993, et pendant dix ans, il préside le club de foot du Zénith Saint-Pétersbourg. Sa trajectoire est ensuite fulgurante : président de la Première Ligue de foot, puis de l'Union du foot russe qu'il dirige de 2005 à 2009, il est finalement nommé ministre des Sports par Vladimir Poutine, qui lui confie les Jeux olympiques de Sotchi, mais aussi la candidature et l'organisation de la Coupe du monde de foot de 2018. Deux missions menées à bien mais qui vont définitivement troubler son image.

Portés par un élan irrésistible en jouant à domicile, les Russes vont réussir à dominer le tableau olympique avec trente-trois médailles, dont treize titres. Et se passionner pour le short-track, ce patinage de vitesse sur piste courte : le champion Viktor Ahn a beau être d'origine sud-coréenne (et entraîné à Novogorsk par le Français Sébastien Cros), il devient le tsar de Sotchi en raflant quatre médailles, dont trois en or. Profondément nationaliste, le pays accepte pour la première fois d'adopter des sportifs nés et formés ailleurs, à l'image d'Ahn ou de l'Américain Vic Wild, qui offre deux médailles d'or en snowboard, en invitant aussi des techniciens étrangers pour s'inventer un destin dans de nouvelles disciplines.

La Russie reste bien sûr attachée à ses traditions, et s'émerveille devant l'éclosion d'une adolescente de quinze ans, Ioulia Lipnitskaïa, qui participe activement à la victoire russe dans la compétition par équipe de patinage artistique. Le peuple s'émeut de sa fragilité lors de l'épreuve individuelle remportée par sa compatriote Adelina Sotnikova. Et applaudit le courage d'Evgueni Plushenko : à près de trente-deux ans, le patineur surmonte une récente opération du dos pour décrocher sous le regard de Vladimir Poutine l'or par équipe, sa quatrième médaille olympique. Et tant pis si la star du patinage artistique déclare forfait avant l'enjeu individuel, sa fin de carrière méritait d'être saluée dans la ferveur de ces Jeux à domicile. Le 23 février 2014, à la fin d'une grandiose cérémonie de clôture mettant en valeur les arts russes, Vladimir Poutine applaudit sans réserve. Cette édition restera dans les mémoires. Elle a ébloui le monde et remonté le moral de son peuple. Le président peut désormais se consacrer à un chantier d'un tout autre genre…

Cinq jours plus tard, le 28 février, ses troupes postées à la frontière ukrainienne envahissent la Crimée. L'annexion de la péninsule par la Russie est entérinée le 16 mars, lors d'un référendum contesté, provoquant une grave crise diplomatique. Le conflit entre Moscou et Kiev ne va cesser de s'envenimer les années suivantes, avec la guerre du Donbass, et jusqu'à la vaste offensive russe de février 2022, cette fois-ci sur tout le territoire de l'Ukraine. Vladimir Poutine ne le sait pas encore mais la « porte du futur » dont il rêvait à Sotchi va bientôt se refermer sur les doigts de ses alliés politiques, de ses amis oligarques et… de ses proches.

Les Jeux olympiques organisés par l'État russe auront d'autres conséquences auxquelles le Kremlin ne s'attendait pas non plus. En décembre 2014, un documentaire de la chaîne allemande ARD révèle un dopage à grande échelle dans l'athlétisme russe, en se fondant sur les témoignages du couple Stepanov. Ces lanceurs d'alerte connaissent parfaitement le sujet : comme elle le reconnaît, Ioulia, coureuse spécialiste du 800 mètres, a longtemps accepté de s'y soumettre, consciente qu'un refus mettrait fin à sa carrière. Quant à son mari, Vitali, il a été employé autrefois par l'agence antidopage russe (RUSADA) pour effectuer des prélèvements. Aux premières loges, donc, pour observer les combines permettant d'éviter les contrôles positifs. Lorsque le scandale éclate, le couple est accusé de traîtrise dans son pays, et doit quitter la Russie avec son petit garçon pour se réfugier en Allemagne.

Les soupçons de dopage ont toujours déprécié les performances des sportifs soviétiques. Pourquoi n'éclabousseraient-ils pas ceux de la Fédération de Russie ? Ils ont d'ailleurs resurgi lors des Jeux olympiques d'hiver de 2002, quand Larissa Lazutina et Olga Danilova sont destituées de leurs titres obtenus en ski de fond. Ce scandale a donné un coup de canif dans le grand projet de Vladimir Poutine : redorer le blason du pays grâce au sport. Furieux, il avait alors nommé Nikolaï Dourmanov (qui avait tenté de disculper Alina Kabaeva en 2001 après son contrôle positif au furosémide) pour développer une politique antidopage. Du moins, officiellement. Dans un entretien accordé au quotidien *L'Équipe*, le scientifique avait alors reconnu : « Je ne me fais pas d'illusions sur mon travail. Je dois juste éviter qu'il y ait de nouveaux scandales dans lesquels la Russie serait impliquée comme à Salt Lake City (2002). Donc, je fais de la prévention, j'explique aux athlètes ce qu'il faut faire pour ne pas être positif. Je leur évite de faire de grosses bêtises. Je leur montre qu'il peut y avoir des alternatives au dopage. » Sous-entendu : il y a des moyens de le cacher ?

Dans les années 1990, tricher pouvait permettre à de jeunes sportifs de sortir de la précarité. En bricolant dans son coin, en s'acoquinant avec l'un des milliers de chimistes alors au chômage d'une industrie pharmaceutique toujours performante mais désormais hors de contrôle. Avec des responsables comme Grigori Rodchenkov, nommé directeur du laboratoire antidopage de Moscou en 2006, l'État a repris la main. Mais dirigeants et entraîneurs qui cautionnaient ces pratiques illicites du temps de l'URSS restent en place, prêts à dépoussiérer les vieilles méthodes.

La déflagration du documentaire allemand, suivi des conclusions accablantes de la commission d'enquête désignée par l'Agence mondiale antidopage (AMA) en novembre 2015, aboutit à la suspension de la Fédération russe d'athlétisme, avec cette conséquence : des milliers d'athlètes du pays seront privés de compétitions. Une seule Russe, la sauteuse en longueur Daria Klichina, parce qu'elle s'entraîne à l'étranger, sera autorisée à concourir sous bannière neutre aux Jeux de Rio en 2016.

Quelques mois plus tôt, Grigori Rodchenkov avait déjà provoqué un séisme dévastateur en dénonçant dans les colonnes du *New York Times* une triche systématique pour arriver en tête du classement des médailles aux Jeux de Sotchi. De nombreux résultats d'échantillons auraient été falsifiés, remplacés, voire détruits, ct un ticrs des médaillés seraient dopés. Une organisation instaurée avec l'aide des services secrets. Fin 2015, le ministère des Sports pousse Rodchenkov à démissionner. Ce scientifique reconnu, mué lui aussi en lanceur d'alerte, perd la protection de ses supérieurs. Deux de ses collègues ayant été retrouvés morts dans des circonstances suspectes, il comprend que sa vie est en danger et quitte le pays pour bénéficier de la protection des témoins assistés aux États-Unis. Et l'AMA finit par conclure : le ministère des Sports de la Russie a « contrôlé, dirigé et supervisé les manipulations, avec l'aide active des services secrets » pendant les JO. Les premières sanctions sont prononcées fin 2017. Quarante-trois sportifs ayant concouru à Sotchi sont disqualifiés et treize médailles retirées, dont quatre d'or. Et si, en février 2018, le TAS lève ce verdict pour vingt-huit athlètes, parmi lesquels deux champions olympiques, la Russie est suspendue des Jeux d'hiver, qui se déroulent à Pyeongchang, en Corée du Sud. Ses représentants sont autorisés à s'y aligner, mais sous bannière neutre.

Une période sombre pour le sport russe, sans cesse brocardé. Vitali Moutko en fera les frais. En Russie, on appelle avec respect une personne par son prénom et son patronyme. Mais les médias se moquent du ministre, le rebaptisent Vitali Medalievitch (au lieu de Leontievitch) pour railler son appétit de médailles obtenues par n'importe quels moyens. Lorsque l'athlétisme russe est banni avant les Jeux olympiques de Rio, il s'emporte : « C'est l'IAAF [la Fédération internationale] qui se vautre dans la corruption. Suspendre la Russie est une décision subjective, politisée et sans fondement juridique. » Une provocation qu'il tente d'apaiser par la contrition quelques jours plus tard dans une interview accordée au *Sunday Times* : « De sérieuses erreurs ont été commises par nos fédérations, avec des athlètes et des coachs qui ont violé les règles antidopage et négligé les principes de fair-play. » Sa position n'est plus tenable, il est alors évincé des sports… pour être promu le 19 octobre 2016 au poste de vice-président du gouvernement russe.

Toutes les médailles remportées sont désormais sujettes à caution. Des milliers d'échantillons retestés soulignent l'ampleur des dégâts. Et à mesure des révélations de nouveaux cas positifs, les classements des Jeux olympiques sont révisés sur une période de dix ans. Même si d'autres nations sont concernées, on se focalise davantage sur Moscou et sa tricherie systémique. Finalement, les instances internationales se munissent d'un nouvel arsenal de sanctions. Le 9 décembre 2019, l'Agence mondiale antidopage décide même d'interdire à la Russie de participer pour quatre ans aux principaux événements, à commencer par les Jeux olympiques de Tokyo et la Coupe du monde de football de 2022. Seuls quelques athlètes triés sur le volet pourront y participer, mais sous drapeau neutre et sans hymne national en cas de victoire.

Les chiffres de l'AMA sont effarants : de 2013 à 2018, huit cent quarante-quatre cas de violation des règles antidopage sont imputés à la Russie, en première place de ce classement trois années successives. Au total, quarante-trois médailles olympiques (dont douze titres) lui sont retirées. Les autorités russes fulminent, Vladimir Poutine dénonce une « injustice ». En Russie, déclare-t-il, « il n'y a pas et il ne peut y avoir aucun soutien de l'État, spécialement en ce qui concerne le dopage ». Selon lui, ces allégations font partie d'une « politique antirusse » de l'Occident. Le président de la commission des affaires étrangères à la Douma estime que la décision de bannir les athlètes russes est « un acte de vengeance politique contre la Russie pour sa politique étrangère indépendante ». Un autre élu va plus loin en affirmant : « L'ensemble du scandale de dopage est une falsification pure, inventée pour discréditer et humilier la Russie. » Au milieu de la tempête, Alina Kabaeva ne mâche pas non plus ses mots : « Il m'est difficile de juger ce que veulent vraiment les responsables de l'AMA et du CIO, mais ils représentent le pire cauchemar du sport dans notre pays. Le scandale dure depuis des années mais, pour autant que je sache, la commission d'enquête n'a pas fourni de preuves convaincantes. À l'inverse, les sanctions à l'encontre de nos athlètes sont inventées sans répondre à ce qui est prévu dans le code mondial antidopage. Pour la première fois dans l'histoire du mouvement olympique, au lieu du principe de responsabilité individuelle pour les violations des règles antidopage, c'est un principe de responsabilité collective qui est introduit. »

En matière de sport, l'ancienne gymnaste est devenue la voix de Vladimir Poutine depuis les Jeux de Sotchi. Un rôle d'autant plus facile depuis que NMG, le groupe de presse pro-Kremlin dont elle a pris la tête, a racheté le quotidien *Sport-Express* en 2016. Ce journal a beaucoup changé : en le lançant en 1991, son fondateur, Vladimir Koutchmi, s'inspirait de la référence française en la matière, *L'Équipe*, qui en fut d'ailleurs un actionnaire jusqu'en 1996. Alina Kabaeva connaît parfaitement les journalistes du quotidien russe : ils ont suivi toute sa carrière, et leurs locaux se situent en face du restaurant Kabantchik, où elle avait ses habitudes avec son ancien fiancé David Museliani. Maintenant, elle utilise *Sport-Express* pour monter au créneau sur les questions de dopage, si elle le juge nécessaire, oubliant qu'elle-même a été contrôlée positive et suspendue. Elle a beau s'en défendre, ses paroles ne sont jamais neutres. « En aucun cas je n'interfère ou essaie d'évaluer le travail des différentes commissions. Je voudrais juste comprendre : pourquoi le chef du laboratoire antidopage de Moscou, que l'AMA dans son premier rapport de novembre 2015 qualifiait de complice dans la manipulation d'échantillons, demandant à le démettre de ses fonctions, a-t-il pu devenir le principal informateur de l'AMA ? Déclarer coupables tous les athlètes d'un État et les punir, ce n'est pas un combat contre le dopage mais contre quelque chose d'autre, qui n'est pas lié au sport. » Une manière pour elle d'adopter l'idée du complot, relayée sans rechigner par la presse russe. Quitte à dépasser les bornes de la décence quand la Russie s'est vue privée de toute compétition à la suite de l'invasion de l'Ukraine : « Il n'y a jamais eu de page aussi honteuse dans l'histoire du sport mondial. Ils [les autorités internationales] n'ont retiré de la compétition aucun pays ayant participé à la destruction de centaines de milliers de civils en Yougoslavie, en Irak, en Libye et en Syrie. »

Depuis sa prise de fonction, Alina Kabaeva s'est vu attribuer une très longue tribune annuelle dans les colonnes de *Sport-Express*, sous forme d'entretien. On la questionne sur l'actualité sportive, comme le dopage, ou sur sa fondation pour les enfants ou encore sur le festival portant son nom. On lui demande son avis sur son sport de cœur bien sûr, ses héritières, l'évolution de la gymnastique rythmique. Et elle se montre cassante si les résultats ne correspondent pas à ses attentes. Après avoir commenté les Jeux olympiques de Tokyo à la télévision russe, avec son ancienne coéquipière Yana Batyrchina, Alina Kabaeva n'a pas décoléré pendant des semaines. Car l'Israélienne Linoy Ashram a devancé sa compatriote Dina Averina. Son ancienne entraîneure, Irina Viner, dénonce une hérésie, une honte qui marquerait à jamais les juges. Le sacre d'Ashram était pourtant justifié. « Il y a des gens honnêtes et d'autres qui ne le sont pas », vitupère Kabaeva, en demandant aux autorités de l'État de faire invalider ce verdict. Elle semble avoir oublié les Jeux de Sydney, où sa médaille de bronze n'était pas méritée.

Souvent en décalage avec la réalité, ses propos rapportés par les journaux frôlent parfois le ridicule. Comment croire que la sportive « aime regarder les programmes de la chaîne Kultura et lire les articles de grandes publications sociopolitiques et économiques » ? En effet, un seul sujet semble sincèrement importer à ses yeux : la cause des enfants. Elle l'a prouvé avec sa propre fondation, financée grâce aux largesses du géant Gazprom.

Dans ses entretiens, on lui invente une légitimité à parler de football – après tout, son père était professionnel – ou de hockey sur glace : « J'y joue régulièrement avec mes amis », prétend-elle. Ces nouvelles compétences font sourire les spécialistes. Et les plumitifs du quotidien sportif ironisent : ils l'ont croisée seulement deux ou trois fois dans les couloirs. « Toutes les interviews qu'elle nous accorde sont envoyées par un responsable de l'administration du président depuis le Kremlin. On n'est même pas certain qu'elle soit au courant. Même si elles sont signées, on se demande qui les invente… »

Régulièrement présentée comme une femme de pouvoir, Kabaeva semble en agacer certains. Quand, en 2016, l'hebdomadaire économique *Kompania* (« La compagnie ») a dressé la liste des femmes les plus influentes du pays, la couverture affichait une caricature d'Alina, avec le titre « Elles dirigent comme elles veulent »… L'ancienne gymnaste figurait en tête du classement.

« C'est avec plaisir que j'ai accepté de diriger NMG car je me soucie du sort de notre jeunesse, et ce poste ouvre de grandes opportunités pour son éducation. J'aimerais que les enfants et les adolescents voient à la télévision, non pas de la violence et des émissions stupides, mais des programmes et des films intéressants à regarder, mais aussi spirituels, précieux, édifiants et éducatifs. » Des mots qui ne cachent pas l'objectif de formatage des jeunes esprits en leur inculquant les idées et valeurs chères au régime.

13

Qu'est devenue la charmante ingénue héroïne d'un clip du groupe de rap Igra Slov ? En 2005, le duo russe lui dédiait une chanson sobrement intitulée *Alina Kabaeva*, dont les paroles révèlent l'attraction exercée à l'époque par la gymnaste. Dans le clip, à mi-chemin entre séduction et autodérision, la jeune femme porte un tee-shirt à l'effigie de Michka, la mascotte des JO de Moscou en 1980. Elle rit, tire la langue, se joue de son cerceau, de son ruban, comme des deux rappeurs déguisés en footballeurs américains et qui se battent gentiment pour la belle. « Une œuvre d'art de genre sportif », selon leurs paroles, qui aurait pu inspirer les tableaux de Vinci, Raphaël, Picasso ou Rubens. « Peu importe, chaque maître voudrait la décrire. Dans la bouche du poète, les paroles deviennent immortelles, la suite du souffle de son œuvre. L'argile prend vie entre les mains du sculpteur, je fais un chef-d'œuvre du nom d'Alina… »

Une consécration de plus pour la jeune championne adorée dans toute la Russie. Ses compatriotes aiment sa générosité instinctive, sa simplicité, son sourire charmeur et engageant. Le pays entier se sent proche d'elle, voudrait se reconnaître dans le destin et le caractère de Kabaeva. Toujours naturelle, elle n'interprète pas encore de rôle, même si elle rêve d'un avenir hollywoodien. Elle est prête à beaucoup pour y parvenir mais ne se prend pas encore au sérieux. Tout juste sacrée championne olympique à Athènes, elle papillonne d'une invitation à l'autre, savoure son succès, profite des opportunités. On s'en souvient, son expérience cinématographique dans un film japonais en 2001 s'est avérée sans lendemain. Mais la jeune femme multiplie les émissions de télévision et les couvertures de magazine. L'enfant chérie des Russes prend même le risque d'écorner son image en posant pour *Maxim*, une revue érotique. Le photographe Mikhaïl Korolov a raconté la séance : « Alina s'est comportée de manière tellement naturelle… Elle déborde de sensualité. » À tel point que ces clichés lui valent d'être élue « femme la plus sexy de l'année 2006 ».

À l'époque, Kabaeva assume parfaitement de croquer la vie à pleines dents. Mais en 2008, au moment de son élection à la Douma, la révélation de sa supposée relation avec Vladimir Poutine marque un tournant. Et celui-ci devient radical quand elle abandonne son siège en 2014. Elle bascule alors dans un monde secret. Ses apparitions se raréfient, c'est à peine si elle continue à fréquenter ses amis. Le refrain d'Igra Slov présageait cette nouvelle image : « Elle danse derrière une porte invisible. » Moins on la voit, plus l'égérie suscite les fantasmes. Et lorsqu'elle réapparaît, Alina ne se ressemble plus, affectant un sérieux qu'on ne lui a jamais connu, à l'opposé de sa première vie. En plongeant dans les arcanes du pouvoir, elle a choisi un univers opaque. Il nécessite des sacrifices. À commencer par celui de son père.

Lioubov a tellement vilipendé son ex-mari qu'il était difficile pour ses deux filles de ne pas l'entendre. Alina, pourtant si proche de son père adoré dans son enfance, a fini par s'en éloigner. Leurs liens se limitent bientôt à quelques coups de fil. Un crève-cœur pour Marat Kabaev. Après son divorce, et la fin de sa carrière de footballeur en 1998, il a mis du temps à rebondir. Après son séjour à Moscou, il est retourné à Tachkent pour se reconvertir en entraîneur. Il y a rencontré Natacha, une femme calme et douce, un peu plus âgée que lui. Elle a accepté de changer de nom et d'adopter la religion musulmane. Mais leur mariage ne tiendra pas non plus. La chance semble enfin tourner lorsque Marat est invité à rejoindre l'encadrement du Rubin Kazan, en 2011. Depuis sa prise de fonction dix ans plus tôt en tant qu'entraîneur en chef, Kourban Berdyev a métamorphosé le club phare de la capitale du Tatarstan, lui permettant de décrocher ses deux premiers titres nationaux, en 2008 et 2009, et de remporter la Coupe de Russie en 2012. Peu importe si ces succès entraînent des soupçons. Le journaliste Konstantin Klechtchev rappelle : « Ce club n'est pas le premier à truquer certains matchs et à s'acoquiner avec des arbitres. Cela n'enlève rien aux compétences de Berdyev. » Lorsque ce technicien né au Turkménistan songe à Kabaev pour superviser les jeunes, le père d'Alina saisit l'aubaine. Pour ne rien gâcher, la ville de Kazan, située sur les rives de la Volga, est vraiment belle. En 2012, Marat réussit à convaincre Sardar Azmoun, prodige iranien de dix-sept ans, de signer avec le Rubin. Mais ni lui ni sa jeune recrue ne capitaliseront. Klechtchev ajoute : « Ils se feront même escroquer par Kourban, finalement démis de ses fonctions pour corruption fin 2013. » Ce qui n'empêchera pas Azmoun de rebondir dans des clubs aussi prestigieux que le Zénith Saint-Pétersbourg (2019-2022) ou le Bayer Leverkusen depuis 2022.

Pour Marat Kabaev, la déconvenue est grande. Il y croyait tellement. Heureusement, son retour sur la terre de ses ancêtres lui a permis de tisser des liens avec des investisseurs tatars et musulmans. Désormais, il fréquente assidûment la mosquée de Kazan et se montre assez rusé pour se faire élire en 2014 à la tête de l'Association des entreprises islamiques du Tatarstan. Au moment où Alina vient de rendre son mandat de député de la petite république autonome. « Ce n'est pas que je sois un homme d'affaires réputé, j'évolue plutôt dans le domaine du sport. Mais je voudrais fédérer les entrepreneurs pour qu'ils s'entraident», déclare-t-il alors. Trois ans plus tard, il devient président de l'Association internationale des entreprises islamiques. Une sorte de syndicat lié à une banque de développement saoudienne, mais dont les objectifs et les statuts demeurent obscurs. Cent dix pays y sont affiliés, et l'association a ouvert une quarantaine de bureaux. En 2022, Marat déclare au correspondant d'un média local : « Le monde islamique peut vraiment jouer un grand rôle et devenir un nouvel investisseur en Russie. Notre association n'a pas de limites, mais une réelle liberté d'action. Bien sûr, il y a beaucoup de directions possibles, autant que les rayons du soleil, mais le plus important est qu'il n'y ait pas d'interdit. On se fout des sanctions occidentales. Notre plus proche voisin est l'Asie centrale. »

En quelques années, l'ancien joueur s'est mué en personnalité publique. Ses proches sont les premiers à admettre l'ambiguïté de son rôle : « Marat est trimballé comme un éléphant dans un cirque, on lui permet de rencontrer des gouverneurs, des décisionnaires. Mais lui ne fait que gonfler les joues pour signifier sa propre importance. Il utilise sa prétendue proximité avec Vladimir Poutine pour s'inventer une légitimité. Après tout, il serait son beau-père. Et même si ses interlocuteurs nourrissent quelques doutes, ils n'osent pas le contredire de peur de froisser le Kremlin. » La vérité, c'est que Marat Kabaev n'appartient pas au cercle intime du tsar. Il n'est pas ce prétendu émissaire chargé de renforcer les partenariats avec l'Asie centrale ou la Turquie. Il s'est d'ailleurs installé à Alanya, une station balnéaire de la côte méditerranéenne turque, et se permet malgré tout de parler au nom du Kremlin au président Recep Erdogan. Mais Marat n'a pas fait fortune. Il possède juste un appartement à Tachkent. Lorsqu'il se déplace, il se fait inviter en grande pompe, conscient que les avantages dont il bénéficie peuvent disparaître du jour au lendemain.

Les autres membres de la famille sont plus liés au pouvoir. Un détail suffit à s'en convaincre : même s'il gronde ouvertement contre les États-Unis et leurs alliés, les accusant de tous les troubles dont souffre la Russie, Marat Kabaev n'est visé par aucune sanction internationale. Sa fille Alina, elle, figure sur les listes de personnalités dont les avoirs ont été gelés, voire confisqués à l'étranger. Depuis l'invasion de l'Ukraine, elle est même interdite de territoire dans certains pays et stigmatisée comme près de mille cinq cents proches du pouvoir : politiciens, militaires, fonctionnaires de haut rang, propagandistes et oligarques, bien sûr. Ceux-ci s'arrangent comme ils peuvent pour préserver l'essentiel de leur fortune. Roman Abramovitch, qui a dû revendre le club de foot de Chelsea, a transféré des fonds sur les comptes de ses sept enfants, dont le plus jeune n'a pas dix ans. Alicher Ousmanov, lui, se serait réfugié en Ouzbékistan, son pays natal, et s'est vite séparé de sa femme pour sauver les meubles : leur divorce offre à Irina Viner la jouissance de presque tous ses biens en dehors de la Russie. Un divorce bien utile à l'entraîneure d'Alina Kabaeva : elle n'apparaît pas dans la liste des pestiférés. Malgré cela, l'oligarque a subi de lourdes pertes. En avril 2022, l'Allemagne a saisi son yacht, le *Dilbar*, alors à quai dans un chantier naval de Hambourg pour réparation. Évalué à 512 millions d'euros, c'est l'un des plus grands du monde avec ses 156 mètres : sa piscine de 14 mètres est l'une des plus longues jamais installées sur un yacht privé. Puis, en septembre, deux cent cinquante agents de l'Office fédéral et de la police fiscale ont perquisitionné vingt-quatre lieux lui appartenant en Allemagne, soupçonnant un blanchiment de fraude fiscale pour un montant estimé à 550 millions d'euros. Alicher Ousmanov aurait fait surveiller ses biens immobiliers par une société de sécurité, malgré le gel de ses fonds prononcé par l'Union européenne. Quant à sa femme, si elle a récupéré plusieurs propriétés à l'étranger, des sanctions ont fini par l'atteindre. Ironie du sort, la toute jeune Fondation d'éthique de la gymnastique, un organe indépendant et international, a cloué Irina Viner au pilori en lui infligeant début 2023 une suspension de deux ans pour son emportement contre les juges officiant aux Jeux olympiques de Tokyo.

Alina Kabaeva, elle, n'a plus de mandat politique et ne peut être classée parmi les oligarques. Malgré les sommes extravagantes qu'elle perçoit sous forme de salaire, elle n'a pas les moyens d'acheter des propriétés hors de la Russie. Mais la championne olympique est la cible des sanctions occidentales car « soupçonnée d'avoir une relation personnelle étroite avec Vladimir Poutine et a précédemment siégé comme députée à la Douma pour la Russie unie de Poutine », justifiait en mai 2022 un communiqué du ministère des Affaires étrangères britannique. Elle entre aussi dans le collimateur de l'Australie et de l'Union européenne, suivies des États-Unis en août de la même année. « [Elle] entretient une relation proche de Poutine », précise alors le département du Trésor américain, est à ce titre visée dans le cadre d'un effort pour « imposer des coûts élevés à ceux qui soutiennent la guerre du président Vladimir Poutine ». À la tête du plus gros consortium médiatique du pays, elle véhicule délibérément la propagande russe. Mais malgré sa position à NMG, c'est bien pour sa proximité avec le maître du Kremlin, cette intimité supposée, que la quadragénaire a été sanctionnée. Plus surprenant, ses proches le sont aussi : sa sœur cadette, Leysan, qui travaille pour la fondation caritative d'Alina, leur mère, Lioubov, dirigeante d'un centre sportif à Kountsevo, un district à l'ouest de Moscou, et même leur grand-mère maternelle, Anna Zatsepilina, âgée de quatre-vingt-sept ans.

On s'interroge depuis des années sur le quotidien de la favorite du tsar. Mais on se heurte à des impasses, au silence de ses proches. Quant aux témoins, même sous couvert d'anonymat, ils ont peur de s'exprimer. À l'image de ce chauffeur présidentiel qui répond lorsqu'on l'interroge : « J'ai des enfants, et je tiens à la vie. » Ou de cette ancienne gymnaste de renommée mondiale, qui admet avoir subi des pressions et préfère ne rien ajouter. Et encore de cet ami d'Alina ne voulant pas risquer de perdre son poste dans l'administration. À peine entrouvertes, les portes se referment les unes après les autres. Cela pourrait sembler exagéré, digne d'un mauvais film d'espionnage. Mais, en Russie, on ne badine pas avec le pouvoir, on ne s'oppose pas impunément au nouveau tsar ou à son régime. Tenter de lever le voile s'avère dangereux. Le sort réservé aux dissidents est l'emprisonnement, l'exil, l'empoisonnement ou l'assassinat pur et simple.

Pourtant, quelques timides voix s'élèvent et plus encore depuis l'agression contre l'Ukraine. On découvre peu à peu les innombrables faveurs accordées à Kabaeva et aux femmes de sa famille, choyées davantage que quiconque dans le pays, sa grand-mère Anna Zatsepilina comme les autres.

En 2015, cette vénérable babouchka a reçu un appartement de 200 mètres carrés surplombant la Neva, à Saint-Pétersbourg. Un cadeau du milliardaire Guennadi Timtchenko, fondateur de la société de trading pétrolier Gunvor et propriétaire du fonds d'investissement privé Volga Group. Jusqu'au moment des sanctions occidentales et de sa démission en mars 2022, l'homme siégeait au conseil d'administration de Novatek, principal producteur de gaz russe, associé à TotalEnergies pour construire en Arctique des méga-usines de gaz liquéfié. La grand-mère s'est ensuite vu offrir deux appartements, d'une superficie totale de 600 mètres carrés, situés sur la prestigieuse rue Arbat, artère piétonne historique au cœur de Moscou. Et cela grâce à la générosité de Piotr Kolbin, un ancien boucher reconverti dans le négoce de produits pétroliers au début des années 2000, avant d'être désigné copropriétaire du groupe pétrolier Gunvor par Guennadi Timtchenko. Il n'est pas anodin de rapprocher ces deux hommes, propriétaires d'un vignoble proche de la mer Noire, qui approvisionne le Kremlin. Ce sont des amis d'enfance de Vladimir Poutine, nés la même année que lui. Après le décès de Kolbin en 2018, son fils Vladimir a hérité de ses biens, mais aussi du « poste » d'argentier personnel du président de la Russie, dont la fortune est pourtant des plus modestes... officiellement.

Cette situation peut expliquer les sanctions à l'encontre des Kabaeva. Les biens offerts aux femmes de cette famille attestent évidemment une relation particulière entre Alina et Vladimir Poutine. Mais révèlent aussi un enrichissement personnel, au moins indirect. Comme Lioubov et Leysan, mère et sœur d'Alina devenues propriétaires foncières malgré des emplois aux revenus officiels « modestes ». Ainsi, Leysan dispose de plusieurs appartements, et Lioubov d'un cottage de 300 mètres carrés près de Krasnodar, non loin de la mer Noire où réside aussi son bienfaiteur Alexeï Miller, directeur général de Gazprom et natif comme Poutine de Leningrad. L'oligarque a aussi acheté au nom de Lioubov un appartement sur la rue Ostojenka, à Moscou. L'une des artères les plus chères du monde : en 2013, le mètre carré y coûtait 8 % de plus que sur la célèbre 5e Avenue de New York, soit 26 500 euros. Au numéro 7 de cette rue historique vécut l'écrivain Mikhaïl Boulgakov, auteur du *Maître et Marguerite*. On y trouve aussi le bureau de l'ONU en Fédération de Russie et la petite demeure en bois où habita la mère de Tourgueniev, désormais musée consacré au dramaturge.

Mais revenons à Anna Zatsepilina. En 2013, la grand-mère recevait deux maisons sur une parcelle d'un demi-hectare, dans la campagne de Roubliovka. C'est là, non loin de Moscou, le long d'une interminable route en ligne droite, qu'oligarques et hommes forts du pays ont édifié leurs palais, cachés par de hauts murs et protégés par des hommes armés. On y trouve d'ailleurs l'immense résidence de Vladimir Poutine, Novo-Ogariovo. Celle de la babouchka d'Alina est une donation d'un associé d'Arkadi Rotenberg. On se rapproche encore des intimes du président russe : ce dernier est le seul homme en Russie à tutoyer ouvertement le maître du Kremlin. Lui et son frère cadet Boris ont pratiqué le judo avec Poutine dans leur jeunesse. Ensemble, avec un certain Guennadi Timtchenko, ils ont fondé en 1993 le prestigieux club de judo Iavara Neva, à Saint-Pétersbourg.

Pour comprendre le fonctionnement de l'oligarchie russe, il convient d'évoquer ce cercle d'amis portés à la tête de l'économie du pays par Vladimir Poutine après son arrivée au pouvoir. Ils ont tous trois points en commun : Saint-Pétersbourg, les services secrets et le sport. Parmi eux : Vladimir Smirnov, Nikolaï Chamalov, Vladimir Iakounine, Sergueï et Andreï Foursenko, sans oublier Iouri Kovaltchouk. En novembre 1996, ces hommes participaient avec Poutine à la création de la coopérative Ozero. Le but : investir dans des terrains proches de la Carélie pour y construire des datchas de luxe. La plupart des fondateurs d'Ozero deviendront actionnaires de la banque Rossiya, Kovaltchouk en étant le principal après avoir gagné des milliards dans le domaine des médias, des assurances et de la finance[1].

Docteur en sciences physiques et mathématiques, Kovaltchouk est le fils d'une famille d'historiens de Leningrad. Quant à son frère Mikhaïl, il préside l'Institut Kourtchatov, principal centre de recherche et de développement russe dans le domaine de l'énergie nucléaire. Aucun rapport, donc, avec la famille Kabaeva. Alors pourquoi Iouri achète-t-il, au nom d'Anna Zatsepilina (les registres l'attestent), cet immense triplex considéré comme le plus luxueux du monde ? Au sommet d'un building érigé en 2021 dans le complexe résidentiel du Parc royal, à Sotchi, l'appartement occupe les trois derniers étages, sur une superficie de 2 600 mètres carrés. Les rares personnes à avoir visité les lieux ont confié n'avoir jamais vu un tel étalage de richesses : de l'or partout, des lustres, des candélabres et une galerie d'art. Chacune des vingt pièces offre une vue panoramique sur la mer. Et le roof top rivalise avec ceux des plus grands palaces : salon de relaxation japonais, barbecue marocain, piscine agrémentée d'un spa, et bien sûr zone d'atterrissage pour hélicoptère ! Un petit bijou brièvement mis en vente aussitôt

1. Jean-Christophe Collin, *Le Livre noir du sport russe*, Stock, 2018.

achevé, mais aucun acquéreur potentiel ne s'est présenté.

Alina Kabaeva adore Sotchi. Elle y était encore en avril 2023 pour auréoler de sa présence, vêtue d'une simple robe noire aux manches bouffantes, la douzième édition du festival international qui porte son nom. Elle a applaudi les treize tableaux proposés par les jeunes gymnastes venues de toute la Russie, mais aussi de Biélorussie, du Kazakhstan, d'Ouzbékistan ou de Chine. Pourtant, elle ne vit pas à Sotchi. On s'en souvient, quand l'armée russe a lancé sa grande offensive sur l'Ukraine, les médias pensaient qu'elle se cachait en Suisse. Elle y a en effet ses habitudes depuis longtemps, grâce à la générosité des amis de Vladimir Poutine. Depuis le début des années 2000, les oligarques russes y ont tous investi, attirés par la législation fiscale helvète, très favorable.

C'est le cas de Guennadi Timtchenko, propriétaire du géant pétrolier Gunvor, dont l'empire rayonne non pas de Moscou, mais de Genève. Le siège de sa fondation philanthropique Neva se trouve en Suisse romande. En 2002, le milliardaire a acquis un hôtel particulier à Cologny, l'une des communes les plus chères du canton. La propriété du XIXe siècle se situe sur un coteau qui surplombe le lac Léman. Avec cet avantage quand on recherche une discrétion absolue : elle jouxte l'unique héliport de la ville. Alina Kabaeva y a séjourné à plusieurs reprises, même si elle passe plus de temps du côté de Lugano. Une véritable diaspora dc plusieurs centaines de personnes s'est installée dans ce petit havre de paix du Tessin, frontalier de l'Italie : à Melide, elle dispose d'une école russe et d'une église orthodoxe. À Lugano, cette riche communauté constitue la principale clientèle des boutiques de luxe de la via Nassa, quand elle ne s'habille pas chez les créateurs milanais de la via Monte Napoleone, à seulement une heure de route.

Avant la guerre, un certain Alekseï Mordachov faisait partie de ces riches exilés. L'homme d'affaires, un proche de Vladimir Poutine, était considéré en 2021 comme le citoyen russe le plus riche du monde. Selon le magazine *Forbes*, sa fortune était estimée à 28 milliards d'euros – chutant sous les 13 milliards après l'invasion de l'Ukraine. À la tête d'un empire bancaire et médiatique, Mordachov est surtout un magnat de la sidérurgie. Principal actionnaire de Severstal, le géant russe de l'acier, il en fut le directeur financier dès sa privatisation, en 1993. Une fois installé en Suisse, il a acquis un bâtiment commercial à Manno, dans le district de Lugano, pour abriter l'une de ses filiales. Et Alina fut accueillie avec tous les honneurs dans son manoir surveillé en permanence par des hommes en civil.

Pour protéger Kabaeva (et sa famille), la Suisse s'est naturellement imposée comme le refuge idéal. À seulement trois heures de vol de Moscou, ce paradis fiscal est aussi et surtout un pays neutre… Car au-delà de la relation supposée entre Vladimir Poutine et Alina, une autre affaire d'État entre en ligne de compte : celle des enfants qu'ils auraient eus ensemble. Deux, trois, quatre ? On ne connaît ni leur nombre ni leur sexe. Certains parlent de jumeaux, ou de jumelles. Mais personne ne semble en mesure de confirmer quoi que ce soit. À force de creuser, d'interroger les proches, de lire leurs déclarations, on parvient pourtant à réunir des éléments concordants. Par exemple, en 2012, Alina recevait à Moscou d'anciennes gymnastes, à la retraite comme elle, et les a interrogées sur leur maternité. Puis a confié à l'une de ces amies être devenue maman pour son plus grand bonheur. Le jour où elle est apparue avec un petit garçon dans les bras, Kabaeva a paniqué et essayé d'étouffer la rumeur en prétendant qu'il s'agissait de son neveu.

Quatre ans plus tard, Irina Tchachtchina lâchait lors d'une discussion informelle qu'Alina avait deux enfants. Information confirmée par une ancienne danseuse sur glace qui continue de la fréquenter. Ce deuxième enfant serait né en 2015 dans la clinique Sant'Anna de Sorengo, près de Lugano. Une maternité conseillée à Vladimir Poutine par Silvio Berlusconi : sa fille Barbara y avait accouché peu de temps auparavant, une gynécologue-obstétricienne suisse, d'origine russe, y travaillait. Par un heureux hasard, cette femme avait grandi dans le même quartier de Saint-Pétersbourg que le futur président. Poutine et Kabaeva auraient rappelé cette obstétricienne en 2019. Un peu plus tôt, Alina était apparue sur scène lors d'un gala, sa large robe rouge n'avait laissé planer aucun doute sur une troisième grossesse. Lorsque la gynécologue du Tessin a posté sur les réseaux sociaux des photos où elle assiste en mai 2019, avec deux amies, à un défilé militaire sur la place Rouge, ce cliché a d'abord interpellé. Pour quelles raisons ces trois femmes ont-elles été installées dans la tribune officielle, où seuls les invités du Kremlin sont supposés prendre place ? L'obstétricienne n'était-elle pas à Moscou pour l'accouchement d'Alina Kabaeva au centre hospitalier Koulakov, dont le quatrième étage a été évacué pendant trois semaines – et surveillé par le FSO, le service chargé de la protection des hauts fonctionnaires ?

En février 2023, le média russe indépendant *Proekt* diffusait sur Internet un documentaire consacré au couple Kabaeva-Poutine et révélait, photos à l'appui, le nom de cette gynécologue : Natalia Thiebaud, née Kondratieva. Quatre jours après cette révélation, la sexagénaire était retrouvée morte à son domicile, dans le Tessin.

Le Kremlin a toujours démenti les paternités non officielles de Vladimir Poutine. Sans parvenir pour autant à empêcher la circulation d'une photo sur les réseaux sociaux, celle d'un garçon présenté sous le nom de Dmitri Vladimirovitch Kabaev. Ce serait donc le fils d'Alina Kabaeva et, selon son patronyme, son père se prénommerait Vladimir. Le cliché daterait de 2021 mais il aurait déjà circulé un ou deux ans plus tôt. On y voit un enfant d'à peine dix ans au visage blafard, en costume noir et chemise blanche. La ressemblance avec le président russe est frappante. Le journaliste Andreï Zakharov, qui a beaucoup enquêté sur Poutine, notamment pour l'antenne russe de la BBC, considéré depuis 2021 comme « agent étranger » en Russie et réfugié aujourd'hui en Bulgarie, affirme avoir établi que ce garçon n'avait rien à voir avec Kabaeva ou Poutine. Il s'agirait du portrait du fils d'Ivan Nefedov, chef du département des livres liturgiques de la maison d'édition du Patriarcat de Moscou. La comparaison entre d'autres images du jeune Nefedov et le fameux cliché ne semble pas dissiper réellement le mystère.

En 2008, lorsque l'existence d'une relation amoureuse entre Alina Kabaeva et Vladimir Poutine a été évoquée pour la première fois, Dmitri Medvedev était président de la Russie. Cet homme trop ambitieux (certains parlent même de complexe de Napoléon) aurait-il laissé fuiter l'information pour discréditer son mentor et l'éloigner du pouvoir ? D'autres pensent à une idylle imaginée par le FSB. « Exactement comme dans

Le Bureau des légendes, où se crée une telle histoire qui dure des années, où les détails mentionnés ressemblent étrangement à ce que pouvait faire le KGB », explique un spécialiste des services secrets russes. Pourquoi pas, après tout. Mais dans quel but ? « Vladimir Poutine, c'est le mâle alpha. Insinuer qu'il aurait eu des enfants avec une femme de trente ans sa cadette, c'est affirmer sa virilité, montrer qu'il est toujours jeune et fringant », justifie cette même source. Depuis son accession au pouvoir, le maître du Kremlin, sportif émérite, a été filmé et photographié dans de nombreuses postures avantageuses : en kimono, affichant sa ceinture noire de judo, en luttant torse nu, avec un ours de la taïga, en pêchant un brochet de vingt et un kilos... Et lorsque Poutine joue au hockey sur glace le jour de son anniversaire, il marque des buts en dépit de ses lacunes en patin à glace. En cherchant à incarner physiquement la nation, il veut effacer à tout prix le petit fonctionnaire terne du KGB qu'il fut jadis. Former un couple avec la jeune et belle Alina Kabaeva semble tout à son avantage. Il ne pouvait cependant être question de remariage. Mener une vie de palace avec sa maîtresse et ses enfants illégitimes ne correspond en rien aux valeurs familiales et conservatrices prônées par Poutine, en public. Autant rester discret. Mieux, secret.

De son côté, quelle est la motivation d'Alina Kabaeva ? Pourquoi aurait-elle accepté de jouer un tel simulacre ? Aujourd'hui, elle évolue dans une prison dorée. Du côté de Valdaï, un charmant village de la région de Novgorod, entre Moscou et Saint-Pétersbourg. Elle utilise souvent le Sapsan, ce train rapide qui relie les deux cités, mais elle s'arrête en général au lieu-dit d'Ouglovka ou à Okoulovka. Ces stations intermédiaires, construites en pleine campagne, sont proches de l'une des principales résidences présidentielles. Nichée dans les bois, avec un accès direct au lac Valdaï, comme la datcha aux murs vert d'eau qui servait de refuge à Staline. Si Alina aime s'y rendre, ce n'est probablement pas pour les fondeurs de cloches qui ont fait la renommée de Valdaï, ni même pour prier devant l'icône de la Vierge Marie d'Iverski. Cinq chaperons (dont deux sont ses cousines) la suivent partout, employées par des sociétés appartenant à des amis du président. La tsarine sans couronne a longtemps accepté de s'installer dans l'immense manoir que le président russe avait fait bâtir pour sa femme Lioudmila et leurs deux filles. Mais Alina ne supportait plus le style Louis XIV affectionné par le maître des lieux. Elle a obtenu sa propre maison, construite en 2020 à quelques centaines de mètres, une large bâtisse en rondins, d'allure extérieure plus modeste, mais luxueusement meublée. Elle voisine avec une petite église aux toits turquoise, bulbes et croix en or, baptisée… Saint-Vladimir. Dotée récemment d'une aire de jeux, elle est protégée par un système de défense antiaérienne Pantsir. Quant à Vladimir Poutine, pour rejoindre ses datchas de Valdaï, il s'est fait construire une ligne secrète de chemin de fer, empruntée par son unique train aux wagons blindés.

Poutine déteste prendre l'avion, et d'autres lignes de chemin de fer personnelles et top secret ont été construites : l'une en 2015, pour lui permettre de rejoindre sa résidence de Novo-Ogariovo, située à 25 kilomètres de Moscou, et l'autre en 2017, pour aller à Sotchi. Le point de départ de toutes ces lignes ferroviaires se situe au cœur de Moscou, dans la gare de Kalanchevskaïa.

Cette vie dorée et confinée n'est sans doute pas ce que la gymnaste avait imaginé pour son futur. Mais Alina Kabaeva semble s'en satisfaire. Elle a toujours assumé ses choix, accepté les conditions nécessaires pour parvenir à ses fins. En 2011, quand on l'avait interrogée sur son avenir, elle avait répondu : « La famille est la chose la plus sacrée au monde. Et les enfants seront toujours ma priorité, comme ça a été le cas pour ma mère. Quand nous étions petites, ma sœur et moi, elle s'occupait de nous, rangeait la maison, maintenait un repas au chaud pour le moment où notre père rentrerait de l'entraînement. Peu importe que leur mariage n'ait pas duré. Je suis reconnaissante de cette éducation orientale que j'ai reçue, et je saurai m'en inspirer. Même une femme forte et qui réussit doit comprendre qu'un homme est un noyau essentiel. Où serions-nous sans les hommes ? »

Aujourd'hui, Alina a fait son choix. Tout au long de sa carrière et maintenant dans sa vie privée, elle a su faire avec les tumultes de son pays et y trouver sa place. Fille d'un modeste footballeur soviétique, elle a écrit l'une des plus belles pages de l'histoire de son sport. Kabaeva, la petite gymnaste, a su conquérir le monde, les cœurs et les médailles, avant de s'inventer un destin hors du commun en composant avec des hommes de pouvoir et d'argent.

Remerciements

Aux éditions Arthaud, et plus précisément à Valérie Dumeige pour son enthousiasme, son aide précieuse et bienveillante, sa patience et ses encouragements.

À Jean-Christophe Collin, avec qui je partage tant et qui a pensé à moi pour écrire ce livre. C'est un merveilleux cadeau.

À Kostia Klechtchev, et son indéfectible amitié depuis que nous nous sommes croisés à Moscou en 1996. Sans lui, cette enquête n'aurait pas été possible.

À celles et ceux qui m'ont accompagnée, de près comme de loin. Qui partagent souvent ma passion pour le sport, et pour la GRS en particulier. Qui mesurent ma fascination pour la Russie et savent à quel point j'ai aimé y vivre et la découvrir.

À Antoine et Nastia Longuevre, mes enfants, les deux amours de ma vie.

Cet ouvrage a été mis en page par IGS-CP
à L'Isle-d'Espagnac (16)

Imprimé en France par CPI
en août 2023

Dépôt légal : septembre 2023
N° d'édition : 559661-0
N° d'impression : 173599